Einzelpreis M. 10.— Vorzugspreis M. 7.50

ABHANDLUNGEN AUS DEM GEBIETE DER SEXUALFORSCHUNG

Herausgegeben im Auftrage der

Internationalen Gesellschaft für Sexualforschung von

Redigiert von Dr. MAX MARCUSE, Berlin

Band III Jahrgang 1920/21 Heft 1

Das Liebesleben des deutschen Studenten im Wandel der Zeiten

von

Dr. Oskar F. Scheuer

A. MARCUS & E. WEBERS VERLAG, BONN

Das Liebesleben des deutschen Studenten im Wandel der Zeiten

Von

Dr. Oskar F. Scheuer

BONN 1920
A. Marcus & E. Webers Verlag (Dr. jur. Albert Ahn)

Druck: Otto Wigand'sche Buchdruckerei G. m. b. H., Leipzig.

Das Liebesleben des deutschen Studenten im Wandel der Zeiten.

„Das jeweilige sittliche Gebaren und die jeweiligen sittlichen Anschauungen und Satzungen, die die geschlechtlichen Betätigungsformen der Menschen innerhalb einer bestimmten Epoche regeln oder sanktionieren, sind die bedeutsamsten und bezeichnendsten Erscheinungen dieser Entwicklungsepoche. Die Wesensart jeder Zeit, jedes Volkes und jeder einzelnen Klasse offenbart sich gerade darin am ausgesprochensten." — Diese Worte, mit denen Eduard Fuchs seine illustrierte Sittengeschichte einleitet, ließen in mir den Gedanken entstehen, ein Bild der Wandlungen in den Anschauungen und Forderungen der geschlechtlichen Moral innerhalb der deutschen Studentenschaft in Vergangenheit und Gegenwart zu entwerfen und zu begründen.

Ich ging hierbei einerseits vom sexualpsychologischen Standpunkte aus, um so vielleicht einen Baustein für eine biologisch-soziologische Sexualwissenschaft zu liefern, andererseits, und dies im besonderen Maße, bediente ich mich der geschichtlichen Betrachtungsweise, ohne die es eine volkstümliche Untersuchung nicht gibt[1]). Denn immer und überall, in jeder Zeit, in jeder Periode findet sich eine Wechselwirkung zwischen Studenten- und Volksleben, und gerade diese ist es, welche die Geschichte des Studentenlebens zu einer bedeutsamen und reichen Fundgrube der deutschen Kulturgeschichte überhaupt macht.

Das deutsche Studententum ist seiner Organisation, seiner Tracht und seiner Sitte nach ursprünglich mit dem öffentlichen und gesellschaftlichen Leben seiner Zeit eng verwachsen gewesen. Insbesondere spiegelten sich die Phasen des Sittlichkeitsstandes der Zeit im großen auch in der engen Sphäre des Universitätslebens wieder. Wohl haben die Studenten von jeher im bürgerlichen Leben

---

1) Reuschel, Karl, Der Student und die Volkskunde. (Dresdner stud. Taschenbuch 1912/13. 10 ff.): „‚Volk' in dem Worte ‚Volkskunde' bedeutet nichts Politisches, sondern einen sozialen Begriff. — Der natürlich empfindende Mensch ist Gegenstand der Volkskunde. Darum erscheint es verkehrt, Volkskunde als Kunde von dem „vulgus in populo" zu bezeichnen. Was aus dem Fühlen und Denken des natürlich empfindenden Menschen hervorgeht, gehört in das Bereich volkskundlicher Wissenschaft. Nicht das Individuum entscheidet, sondern der Gesamtgeist. Darum können auch die gebildeten Stände, selbst der Adel, Beiträge zur Volkskunde liefern. Der Student, der sich mit seinen Kommilitonen eins weiß und sich als Angehöriger eines Standes fühlt, erheischt als Objekt der Volkskunde den lebhaftesten Anteil."

eine Ausnahmestellung eingenommen und gewissermaßen einen Staat im Staate gebildet. Nach und nach jedoch hat der nivellierende Geist der Zeit dem deutschen Studententume ein charakteristisches Merkmal nach dem andern genommen[2]), so insbesondere die akademische Gerichtsbarkeit, die den Sonderinteressen und Standesanschauungen der Studenten auch in sexualibus Rechnung trug. Unterstanden ihr ja in früherer Zeit unter anderem auch die Liebeshändel und sexuellen Vergehen der akademischen Bürger, und zwar bis zu dem Augenblick, wo im Jahre 1879 das Gerichtsverfassungsgesetz für das Deutsche Reich dieselbe gänzlich aufhob. In Österreich wurde diese Ausnahmsstellung schon 100 Jahre früher unter Kaiser Josef II. beseitigt[3]).

Das Liebesleben des deutschen Studenten war naturgemäß in den langen Jahrhunderten seines Bestehens mannigfachen Wandlungen unterworfen. Doch dürfen wir den Studenten mit all seinen Fehlern und Leidenschaften nicht von der übrigen Welt getrennt betrachten. Er ist und war immer das Erzeugnis seiner Zeit, nicht besser und nicht schlechter als sie.

Das Fleisch bleibt sich zu allen Zeiten gleich; wir werden es kennen lernen durch eine Beschreibung seiner wilderen und zahmeren Ausbrüche, ebenso auch die verschiedenen Arten, in denen es gezähmt wurde. Das ergibt eine Geschichte des sittlichen Urteils, bei derem Studium der rein objektiv Denkende zu dem Ergebnis kommen muß, daß jede Zeit ihre Mängel und Schwächen, jede aber auch ihre Vorzüge hat, daß jedoch im allgemeinen der Vergleich der Gegenwart mit der Vergangenheit umsomehr zugunsten der ersteren ausfällt, je weiter man dabei zurückgreift, und daß das Seufzen nach jener alten guten Zeit also nur bedingt gerechtfertigt erscheint[4]). Dies meint auch schon Seifart[5]), wenn er sagt, „wir dagegen halten

---

[2]) Schon 1857 sagt Ludwig Bechstein in seinen „Fahrten eines Musikanten“: „Das deutsche Studentenleben war eine wichtige beachtenswerte Zeiterscheinung, auf welche die Nachwelt einst blicken wird wie auf ein zweites Mittelalter, dessen Ritterlichkeit es ebenso zu bewahren suchte, wie dessen Roheiten. Wir haben es versinken gesehen, und nun sammelt man in Bücher, was von seinen Sitten, Gewohnheiten und üblichen Bräuchen übrig blieb, zur Kunde für die spätere Nachwelt.“

[3]) Akademische Gerichtsbarkeit bedeutete im Mittelalter nicht nur das Recht, die Mitglieder vor ein Gericht der Genossenschaft zu stellen, meist verbunden mit der Exemtion, d. h. der Unzulässigkeit einer Aburteilung durch andere Gerichte. Sie war vielmehr die volle Autonomie, d. h. das Recht, ohne fremde Einmischung selbst die Gesetze für die Lebensordnung der Mitglieder aufzustellen, das eigene Vermögen selbst zu verwalten, sich selbst zu regieren als Staat im Staate. (Stein, Friedrich, Die akad. Gerichtsbarkeit in Deutschland. Tübingen 1907. 11.)

[4]) Als ein solcher laudator temporis acti erscheint Arnold Ruge in seinem Buche: „Kritische Betrachtung und Darstellung des deutschen Studentenlebens in seinen Grundlagen“ (Tübingen 1906), wenn er S. 130 von den heutigen Studenten sagt: „Die Poesie im Verkehre mit dem Weibe ist zum guten Teil verschwunden. Aus dem feinen, geistig-sinnlichen Genuß ist sinnliche Brutalität geworden. Einst war die Studentenliebe etwas Heiliges und etwas Typisches. ‚Küssen ist keine Sünde‘ hat man in dem goldenen Zeitalter der Universitäten aus frischem Herzen gesungen und es darnach gehalten.“

[5]) Seifart, Karl, Altdeutscher Studentenspiegel. Bremen 1856. 34. Dortselbst auch: „Wo in aller Welt hätte man jetzt zum Beispiel nötig, bei Abfassung von akademischen Gesetzen Bestimmungen gegen das Rauben und Stehlen der Studenten aufzunehmen? Eine Zeit aber, welche sich bei den gebildetsten jungen Leuten solcher Verbrechen versehen konnte, mußte notwendig an sittlichem Werte unter einer Zeit stehen, welche von Verboten solcher Verbrechen Studenten gegenüber ganz absehen kann.“

gerade im Interesse der Wahrheit und richtiger historischer Anschauung jede sentimentale und aus einem ganz unberechtigten Pietätsgefühl entspringende Beschönigung der guten alten Zeit für unstatthaft; denn wenn auch zugegeben ist, daß es unter allen Ständen und zu allen Zeiten neben vielen schlechten Individuen auch viele gute gegeben hat, so wird uns doch jeder Kenner vergangener Zeiten, sobald ihm nicht Parteisucht oder Reaktionswut den Blick beschränkt, zugeben, daß im Verhältnis zu unserer Zeit das Barbarische, Unmenschliche und somit Schlechte die Spuren des Menschlichen und Guten bei weitem überwog.“

Übrigens kann man die Klagen einer Zeit über zunehmende Unsittlichkeit nicht immer nur als Beweis für die wirkliche Verschlechterung der Sitten anführen, sondern auch für die Veredlung des sittlichen Bewußtseins derer, die jene Klagen erheben. Und es muß ferner bei manchen uns in Erstaunen setzenden Erscheinungen im Verkehr der Geschlechter untereinander der Maßstab genauer betrachtet werden, der von den früheren Beurteilern der sittlichen Verfehlungen angelegt wurde. Ich habe hier die „epistulae obscurorum virorum“ im Auge, die um 1516 aus dem Erfurter Kreise junger Poeten hervorgingen, welche in leidenschaftlicher Weise die Sittenlosigkeit der gelehrten Mönche und Lehrer der Scholastik geißelten. Ihre Schreibart ist von einer Deutlichkeit, die nichts zu wünschen übrig läßt. Sie legten jedoch bei ihrer Beurteilung den Maßstab der vita religiosa an, ein Maßstab, dessen Anlegung, wie Paulsen [6]) meint, die damalige Gelehrtenwelt ohne Zweifel so wenig als die Welt- und Klostergeistlichkeit ertrug; denn das erzwungene Zölibat war eine fleischlich gesinnten Menschen, die durch Aussicht auf Versorgung zu den Studien und ins Amt gelockt wurden, durchaus unangemessene Lebensform und hat sicherlich häßliche Dinge im Gefolge gehabt.

Die Literatur über das Sexualleben des deutschen Studenten ist nicht umfangreich. Sie behandelt fast nur das Liebesleben des modernen Studenten, und zwar ausschließlich vom medizinisch-hygienischen und ethischen Standpunkte. Ich habe mich nun im folgenden bemüht, zu zeigen, wie die Dinge einstmals gewesen sind, ich habe Vergangenheit und Gegenwart zu einer Kette gereiht und durch Zusammenfügen der jeweilig charakteristischen Tatsachen zu zeigen versucht, daß die Jetztzeit in der Vergangenheit wurzelt, und daß alle Dinge des Lebens im ewigen Rhythmus wiederkehren.

Wir müssen weit zurückblättern in der Geschichte des deutschen Volkes, wollen wir das Leben des deutschen Studenten in seinen Urkeimen kennen lernen.

---

[6]) Paulsen, Friedrich, Geschichte des gelehrten Unterrichts . . . 3. erweiterte Aufl. Leipzig 1919. 91. Dortselbst auch: „Ob übrigens die gegenwärtige akademische Welt, unsere Studenten und Kandidaten, unsere Referendare und jungen Ärzte, unsere jungen Gelehrten und Beamten, wenn sie vor das gleiche Gericht gestellt würden, im ganzen ein günstigeres Urteil erlangen würden? Ich wage die Frage nicht zu entscheiden; aber diejenigen, die so zuversichtlich von der gänzlichen sittlichen Verkommenheit des mittelalterlichen Klerus sprechen, sollten sie sich vorlegen. Vielleicht besteht der Vorteil derselben Klassen der gegenwärtigen Gesellschaft wesentlich darin, daß von ihnen Heiligkeit niemand erwartet und verlangt.“

Nachdem Bonifacius, der Apostel der deutschen Lande, anfangs des 8. Jahrhunderts mit segnendem Stabe durch Deutschlands Gauen geschritten war, erwuchsen als Früchte seines Lebens und seiner Lehre überall im weiten Reiche zahlreiche Klöster und Kirchen[7]). Mit Schulen war Deutschland in jenen Tagen noch nicht überstreut. Daher kam es, daß Leute um Tonsur und Weihe baten, die weder des Lesens noch des Schreibens kundig waren, geschweige denn, daß sie der lateinischen Sprache, die ja für jeden Geistlichen notwendig war, mächtig gewesen wären. So waren an den neu erstandenen Klöstern Schulen notwendig geworden, die — es waren die sogenannten Kloster- und Domschulen — den Keim der deutschen Universitäten bargen, wie denn einzelne dieser Anstalten rasch zur Bedeutung „hoher Schulen“ ihrer Zeit emporstiegen[8]).

Diese Klosterschulen bildeten bis ins 12. Jahrhundert hinauf die einzigen Pflanzstätten der Wissenschaft und Bildung, die sich eines zahlreichen Zulaufs erfreuten. Ihre Hauptaufgabe war die Unterweisung des Nachwuchses für den klerikalen Beruf.

Mit dem 13. Jahrhundert begann eine neue Epoche in der Entwicklung des mittelalterlichen Schulwesens[9]). Es kamen die Stadt- oder Ratsschulen dazu, Schulen, die in allen größeren Städten bei den Pfarrkirchen errichtet wurden. Um die Mitte des 14. Jahrhunderts kam es zur Gründung der Universitäten. Sie waren zum Teil aus den Klosterschulen hervorgegangen, zum Teil selbständig entstanden, als der damalige lebhafte Aufschwung der Wissenschaften, insbesondere das Emporkommen der „scholastischen“ Theologie neue und bessere Lehranstalten notwendig machte. Je mehr sich die Universitäten ausbreiteten, desto mehr verloren die Klosterschulen ihre Anziehungskraft. Dagegen erstarkten die Stadtschulen, da sie als Vorbereitung zum Eintritt in die Universitätsstudien benutzt werden mußten.

Werfen wir nun einen Blick auf die Vorläufer der Universitäten, auf die Kloster- und Stadtschulen und ihre Schüler.

Die Schüler der Klosterschulen, unsere ersten deutschen Studenten, zerfielen in solche der äußeren und solche der inneren Schule. In die erstere wurden namentlich auch arme Knaben aufgenommen, um sie zum Weltpriesterdienst zu erziehen. Zu den Schülern der inneren Schule zählten insbesondere jene Zöglinge, die von Kindheit auf im Kloster erzogen worden waren. Diese wurden oft schon mit dem 10. oder 12. Lebensjahre von ihren Eltern dem Gott geweihten Leben übergeben, weshalb man sie „pueri oblati“ nannte. Der Eintritt der Novizen geschah also sehr früh[10]). Sebastian Brant sagt darüber in seinem Narrenschiff:

> Man stoßt manch Kind jetzt in ein Orden
> eh' es zu ein Mensch worden
> und es verstand, ob das ihm sei
> gut oder schad, steckt es im Brei.

---

7) Ebenhoch, A., Elf Jahrhunderte deutsches Studentum. Innsbruck 1886. 1 ff.

8) Pernwerth v. Bärnstein, A., Beiträge zur Geschichte und Literatur des deutschen Studententums. Würzburg 1882. 1 ff.

9) Nach Paulsen, a. a. O. 14 ff.

10) Nach Paulsen, a. a. O. 14 ff.

begann aber seine Schulzeit gewöhnlich mit 6—8 Jahren. Als Schulzeit bis zur Univer-

14 bis 15 Jahre verbrachte nun der Novize in der Klosterschule und trug Mönchskleider, während der Laienschüler in weltlichem Gewande einherging. Wir finden also hier Knaben und Jünglinge bis ins mannbare Alter hinein gemeinsam in Klostermauern eingepfercht. Innerhalb dieser dunklen Mauern der Askese und Wissenschaft ging es gar streng her. Die Zucht war dem allgemeinen Charakter der Zeit und dem besonderen Charakter der kirchlichen Disziplin entsprechend herb und hart. Die Rute war das große Zuchtmittel wie im Hause, so in der Schule; sie war das ständige Attribut des mittelalterlichen Lehrers. Daß sie auch als regelmäßige Nachhilfe der Didaktik verwendet wurde, zeigen ominöse Benennungen in Schulbüchern, wie sparadorsum, Rückenschoner[11]). In den Klöstern, in welchen die Zöglinge der inneren Schule, wie schon erwähnt, das Ordenskleid trugen, mußten sie stets das Habit ablegen, ehe sie gezüchtigt wurden. Dann empfingen sie die verdienten Streiche über das Hemd. Niemals durfte mit bloßen Händen geschlagen werden[12]). Der Orden der Cluniacenser verbot sogar dem Lehrer, der einen Schüler mit der Rute züchtigte, in allzu nahe Berührung mit dem Knaben zu kommen[13]). Wie es denn überhaupt aufs strengste untersagt war, einen Knaben zu betasten oder ihm so nahe zu kommen, daß die Kleidungsstücke sich berührten. Wenn ich noch anführe, daß die Schläge nur auf die Hände oder auf den Rücken gegeben werden durften[14]), so genügt das wohl zum Beweise, daß in der Art, wie die Rute gehandhabt werden durfte, ein gewisses System lag. Auch möchte ich noch die höchst sonderbare Sitte erwähnen, die in manchem Kloster herrschte und die, wie Specht[15]) meint, an die spartanische Knabengeißelung erinnert. Es wurden nämlich die Schüler zu bestimmten Zeiten, und zwar nicht wegen bestimmter Vergehen, geschlagen, gleichsam als gelte es, eine Art Generalabgleichung für alle begangenen Sünden während eines gewissen Zeitraumes zu vollziehen. Ob diese Züchtigung mit einem altgermanischen Brauche, wie Specht (a. a. O.) meint, zusammenhing oder in christlicher Umdeutung vielleicht an das Martyrium der unschuldigen Kinder erinnern sollte, soll hier nicht entschieden werden. Naheliegend ist der Gedanke, daß es sich bei dieser Generalzüchtigung

sität galt das 8. bis 16. Lebensjahr. Tatsächlich war das Alter mancher Schüler viel höher. Thomas Platter saß noch mit 18 Jahren auf der Schulbank mitten „unter den kleinen Kind, wie ein Gugglerin unter den Hünelin“ (Selbstbiographie, 32), während auf der andern Seite z. B. Melanchthon und Eck schon mit dem 12. Jahre in die Heidelberger, Wimpheling schon mit dem 14. Jahre, Geiler, Reuchlin mit dem 15. Jahre in die Freiburger Matrikel eingetragen waren. (H. Meyer, Mitteilungen aus den Matrikelbüchern der Universität Freiburg 1897. 51 ff.)

11) Auf bildlichen Darstellungen erscheint die Rute als ein regelrechtes Attribut des Lehrers, wie denn im Elsaß „Besemer“ (scoparius) geradezu als Amtsbezeichnung des Lehrers vorkommt. Vgl. Knepper, Das Schul- und Unterrichtswesen im Elsaß bis 1530. Straßburg 1905. 211.

12) Specht, F. A., Geschichte des Unterrichtswesens in Deutschland. Stuttgart 1885. 205.

13) Bernardi ordo Cluniac. 1, 14. ap. Hergott 163 nach Specht, a. a. O. 169.

14) Die Darstellungen mittelalterlicher Kunst zeigen als Tummelplatz der Rute nur diesen. Vgl. Zappert, Über Stab und Rute im Mittelalter. Sitzungsberichte der k. k. Akademie der Wissenschaften in Wien 1852. IX. 215. Anm. 66.

15) Specht, a. a. O. 210.

um eine Bestrafung der sexuellen Vergehen (Onanie u. a.) der Schüler gehandelt habe, wenn es auch nirgends deutlich ausgesprochen ist. Daß aber jene damaligen Lehrer-Mönche[16]) sich über die möglichen üblen Folgen der Prügelstrafe in sexualpsychologischer Hinsicht klar waren, zeigen die oben angeführten Gebote, daß Schläge nur auf die Hände oder den Rücken gegeben werden durften und daß die Knaben dabei nicht betastet werden sollten. Es besteht wohl kein Zweifel, daß bei der Prügelstrafe seitens des Lehrers sexuelle Motive in Frage kommen können, und daß bei Kindern sexuelle Anomalien durch die körperliche Züchtigung hervorgerufen werden können[17]). Wenn Paulsen[18]) meint, „daß das Nervensystem in jenen Tagen bei Kindern und Eltern und so auch bei den Schulmeistern noch härter war, als in dem ‚Jahrhundert des Kindes'", so hat er damit noch nicht bewiesen, ob die seelische Erschütterung, die mit der körperlichen Züchtigung unzweifelhaft verbunden ist, nicht auch damals eine Schädigung der geistigen Gesundheit der Schüler hervorgerufen hat[19]).

Wie dem immer auch sei, eines ist sicher, daß die Schüler, was bei dem fortwährenden Zittern unter der Rute nicht wundernehmen kann, auf allerlei sannen, um die drohenden Streiche von sich ferne zu halten. Vermochten Bitten und Tränen das Herz des Lehrers nicht zu erweichen, so suchten sie sich wohl durch irgendeine besonders gute Leistung in einzelnen Unterrichtsfächern von der Strafe loszukaufen. Viele Knaben entliefen auch ihren Lehrern und verbargen sich in Wäldern und Höhlen (Specht a. a. O. 208) oder wie Scheffel seinen Juniperus, einen sangeslustigen Klosterschüler, singen läßt:

„Theurer Lehrer, Gott befohlen
Durch den Rhein schwimm ich verstohlen
Und verlaß' Euch Klosterherrn."

Die Ruten- und Stockstreiche, Fasten und Arrest behagten ihm nicht, er flieht und wird „Goliarde":

„Stärker als der Wogen Strandung
Reißt der Minne wilde Brandung
Uns in Strom und Strudel fort."

womit Scheffel seines minneseligen Klosterschülers erwachenden Geschlechtstrieb[20]) dichterisch umschreibt.

Die Scholaren, die die Flucht nicht wagten und weiter in Klostermauern eingezwängt blieben, hatten zahlreiche religiöse

---

16) Auch in den Stadtschulen war das Züchtigen mit der Rute auf der Tagesordnung, und auch von Privatlehrern wurde hierin viel gesündigt.

17) Bekannt ist auch, daß die Prügelstrafe bei Kindern, die der Züchtigung anderer beiwohnen, leicht Anreiz zur Onanie werden kann.

18) F. Paulsen, a. a. O. 25.

19) Über die Schäden der Prügelstrafe in geistiger und sexualpsychologischer Hinsicht, vgl. J. Hampe, Sexualprobleme V. 1909. 252 ff.; G. Majer, ebenda 690; O. Kiefer, Zeitschr. f. Sexualwissensch. I. 1908. 478 ff. u. a.

20) Der Geschlechtstrieb mit seinem höchst differenzierten Erscheinungskomplex bildet „den Angelpunkt, um welchen sich die Gestaltung des ganzen Menschen während der Pubertätsjahre dreht." (Közle in Reins Encyclop. Handbuch d. Pädagogik II. 267.) Vgl. A. Kohl, Pubertät und Sexualität, Untersuchungen zur Psychologie der Entwicklungsjahre. Würzburg 1911.

und asketische Übungen zu machen, und es herrschte im Kloster ängstliche Aufsicht und strenge Regel für alle, auch die unbedeutendsten Handlungen. Eigene Wächter, die Cirkatoren, so lesen wir bei Kaufmann[21]), hatten die Scholaren beständig zu bewachen, und ein Schüler mußte sogar die Übertretungen des andern anmelden, die dem Auge des Cirkatoren entgangen waren. Selbst beim Spiele in den kurz bemessenen Erholungspausen fehlte ihnen das unentbehrliche Maß der Freiheit. In der Regel hatte jeder Schüler einen besonderen Aufseher, und dieser sollte es vermeiden, „propter bonum testimonium“, mit seinem Zögling allein zu sein oder heimlich zu reden, um nicht bösen Verdacht zu erregen. In den Klöstern der Cluniacenser war es daher Sitte, einem Knaben zwei Kustoden an die Seite zu geben. Nicht bloß auf die kleineren Schüler erstreckte sich hier diese strenge Beaufsichtigung, sondern auch auf Jünglinge, die bereits die Schule verlassen und schon die Weihe des Subdiakonats oder Diakonats empfangen hatten[22]). Wenn Specht meint, daß dieses ängstliche Überwachen „nicht so fast um sittlichen Verirrungen vorzubeugen“ verordnet worden war, als vielmehr um jedes „Sichgehenlassen“ der Zöglinge in ihrem äußeren Verhalten in jedem Augenblicke ferne zu halten, so möchte ich doch fragen, warum im Schullokale die Knaben jeder auf einem eigenen Stühlchen, voneinander soweit entfernt sitzen mußten, daß einer den andern nicht leicht berühren konnte, und warum jeder Knabe, wenn er sich eines natürlichen Bedürfnisses wegen nachts vom Bette erheben mußte, stets seinen Aufseher zu wecken hatte, warum dieser noch einen andern Lehrer oder einen anderen Schüler wecken und beide dann den Knaben auf den Abort begleiten mußten.

Mit Recht betont Kaufmann[23]), daß klösterliche Askese allzeit leicht ins Gegenteil umgeschlagen ist und bereits bei den ältesten Mönchen der thebaischen Wüste der Spruch entstand: „Einen Mönch umlauert eine Legion Teufel und den Einsiedler umlauern zehn Legionen.“ In gleicher Erwägung geboten die Cluniacenser, daß die Zöglinge, welche von Kindheit auf im Kloster erzogen seien, strenger überwacht werden mußten, als andere[24]). Die Versuche, jedes sinnliche Wohlgefallen als Sünde anzusehen und zu unterdrücken, steigerte die Reizbarkeit und ließ sie oft im Alter nicht schwinden[25]). Wenn die Askese den Körper schwächte, so schwächte sie auch die Nerven, die überdies durch die beständige Beschäftigung mit übersinnlichen Dingen und Wiederholung von Erzählungen visionärer Zustände in unnatürliche Erregung versetzt wurden. So war der Boden bereitet für natürliche und unnatürliche Gelüste, und Onanie war an der Tages- und Nachtord-

---

[21]) Kaufmann, G., Die Geschichte der deutschen Universitäten. Stuttgart I. 140.
[22]) Specht, a. a. O. 160, 167.
[23]) Kaufmann, a. a. O. 140 ff.
[24]) Über geschlechtliche Verirrungen in Internaten auch heute noch: L. Gurlitt, Die Gefahren der Internate. In: Sexualprobleme V. 1909. 356 ff.
[25]) Vgl. hierzu: J. Leute, Das Sexualproblem und die katholische Kirche. Frankfurt a. M. 1908.

nung. Zu diesem sozusagen „natürlichen“ Laster kamen in ebenso großem Umfange die sogenannten „unnatürlichen“, die Verbrechen „wider die Natur“. Die Päderastie war aber auch unter dem höheren Klerus gang und gäbe, so daß man im Volke überall davon nur sprach als von „Wälsche Hochzeit machen“ [26]).

Abt Wibald, einer der hervorragendsten Männer der deutschen Geistlichkeit im 12. Jahrhundert, sah sich offenbar durch die Vergehungen der ihm Unterstellten genötigt, in feierlicher Weise einen anderen Abt um Auskunft zu bitten über die Frage: „Si virginitatis amittat palmam qui vel quae propiis aut alicuis manibus vel qualibet alia arte praeter naturalem coitum sibi semen elicuerit“ [27]).

Und auch die Goliardenlieder enthalten Andeutungen über das illos facit illas, effeminare, equus fit equa usw., und jene vorerwähnten Bestimmungen sind, wie Kaufmann ganz richtig sagt, noch ein traurigerer Beweis dafür, wessen man sich glaubte vorsehen zu müssen. Derartige Sorgen waren es, welche jene ängstliche Aufsicht durch die „Cirkas“ erklären, ebenso wie den bösen Grundsatz, daß die Schüler jede Übertretung eines Genossen zur Anzeige zu bringen hatten, die etwa den Cirkatoren entgangen war.

Man wird sich wohl vorstellen können, was für eine Welt sich in der akademischen Freiheit (sit venia verbo) der früher erwähnten Goliarden im Gegensatz zur gebundenen Zeit der Klosterschule entfaltet haben mag. Gewinnt heute schon die Freiheit des Studenten durch die straffe Disziplin der vorausgehenden Schule einen besonderen Reiz, so war der Gegensatz damals noch ungleich stärker.

Im Leben der deutschen Studenten bilden die Goliarden oder clerici vagantes und deren Lieder eine hervorragende Rolle. Seit der Mitte des 11. Jahrhunderts war es immer mehr und mehr Sitte geworden, daß junge Geistliche ihre höhere Bildung sich im Auslande holten und namentlich den berühmten Lehranstalten Frankreichs zuströmten, wo die theologischen Studien eine weitaus größere Pflege fanden als in Deutschland. Diese immer mehr sich verbreitende Mode, im Auslande den höheren Studien zu obliegen, trug nicht wenig dazu bei, daß gegen Ende des 11. Jahrhunderts die Kloster und Domschulen von ihrer früheren Bedeutung herabsanken oder auch gänzlich verfielen. Sie wurden von den blühenden Schulen des 12. Jahrhunderts, aus denen die Universitäten hervorgingen, beiseite geschoben. Mit dem erhöhten Wissensdrange setzte gleichzeitig ein Wandertrieb der weitesten Kreise ein, der sich am mächtigsten in den Kreuzzügen entlud.

Als manche Schulen besonderes Ansehen erlangten und auch die ältesten Universitäten sich bildeten, begannen denn auch die Studenten einzeln oder gruppenweise von Schule zu Schule zu ziehen. So entstand das Treiben der sogenannten Vaganten oder

---

26) Bischof Damiani brachte die Methoden dieser mann-männlichen Geschlechtsbefriedigung in seinem Buche „liber gomorrhianus“ in ein förmliches System. (Fuchs, Sittengeschichte III. 369.)

27) Jaffé, Monumenta Corbejensia (Bd. I. d. Bibliotheca Rerum Germanicorum). Berol. 1864—76, bei Kaufmann, a. a. O. 141.

Goliarden [28]), hauptsächlich studierender Kleriker und fahrender Magister. Diese reisenden Kleriker nannte man insgesamt Scholaren (Scolaren).

Je mehr der Drang zu lernen und zu wissen stieg, um so mehr nahm die Zahl der Studierenden zu, es wuchs in entsprechendem Maße ein geistiges und geistliches Proletariat heran, darunter auch Männer, die durch das Studium nicht zu einer Lebensstellung und zu den höheren geistlichen Weihen gelangen konnten. Seit dem Beginn des 13. Jahrhunderts ist uns bezeugt, daß die Vaganten Scharen für sich bildeten, Oberhäupter wählten, die sich Primas, Archiprimas, Archipoeta, Episcopus und ähnlich nannten, daß sie in Scharen und einzeln bettelnd das Land durchzogen, von den Priestern zumal als ihresgleichen Unterstützung verlangten, ihnen zum Entgelt wohl auch bei ihren geistlichen Funktionen Hilfsdienste leisteten, im ganzen aber ein liederliches Leben im Wirtshaus und mit Dirnen führten und je länger, desto mehr in einzelnen Gegenden, am Rhein und in Österreich zu einer Landplage wurden [29]). Durch ihr schamloses Benehmen, durch die Pasquille, die sie auf den Klerus, den Papst und die Kurie dichteten, erregten sie selbst in diesen derben Zeiten mehr als oft öffentliches Ärgernis [30]). Ihre sittliche Verkommenheit gab endlich Anlaß zu ihrer Unterdrückung durch strenge kirchliche Verfügungen, und um 1300 verschwinden die Goliarden in Deutschland.

Das Gebaren dieser Vorläufer der freien deutschen Studenten war also ein höchst ungebundenes, anstößiges und frivoles. Ihre Lieder, die Scholarenpoesie, bieten genügend Belege für diese Tatsache. Wir finden sie in den Carmina burana selecta von Adolf Pernwerth von Bärnstein [31]) trefflich übersetzt. Sie handeln vom „Kneiptage“, vom „Sauf- und Spielkomment“ [32]) und besonders über die Minne in jeglicher Form geben uns die Goliarden Aufschluß. Weit über die Hälfte aller Vagantenlieder, sagt Süßmilch [33]), gehören der erotischen Poesie an. Sie lehren uns, daß das Ideal der Keuschheit vom Vaganten am allerwenigsten erfüllt worden ist. Wohl ist auch für ihn die Liebe lediglich ein Naturtrieb,

---

[28]) Der Name „Goliarden“ scheint erst um 1200 aufgekommen zu sein. Das Wort Golias stammt entweder vom provenzal. galiador (deceptor), d. h. Betrüger, Spitzbub, oder es bedeutet den Riesen Goliath. L a i s t n e r leitet ihn vom italienischen Gola, Schlund ab, also Schlemmer (L a i s t n e r, L., Golias, Studentenlieder des Mittelalters. Stuttgart 1879. XXI).

[29]) S c h m e i d l e r, B., Die Gedichte des Archipoeta. Leipzig 1911. Einleitung I. 15 f.

[30]) „Possenreißer, Schandmäuler, Lästerzungen und zudringliche Schmeichler“, nennt sie eine Salzburger Synode, die ihnen den Vorwurf macht, daß sie „vor aller Augen nackt einherlaufen, in die Backöfen sich legten, in den Wirtshäusern sich herumtrieben und dem Spiel und den Buhldirnen nachgingen“. (Conc. Salisburg. a. 1291. cap. 3, de secta vagorum scholarium, bei D a l h a m, Conc. Salisburg. Augsburg 1788. 140.)

[31]) C a r m i n a b u r a n a s e l e c t a. Ausgewählte lateinische Studenten-, Trink- und Liebeslieder des 12. und 13. Jahrhunderts. Würzburg 1879. — Siehe auch: Die Gedichte des Archipoeta. Hrsg. v. M a x M a n i t i u s. München 1913.

[32]) S p i e g e l, N., (Die Vaganten und ihr „Orden“. Speyer 1892. 48 f.) spricht direkt von einem „Vagantenorden“ mit eigenen Statuten und eigenem Komment.

[33]) H o l m S ü ß m i l c h, Die lateinische Vagantenpoesie des 12. und 13. Jahrhunderts als Kulturerscheinung. Leipzig 1918. Kap. 5: Die erotische Poesie der Vaganten 26 ff.

der sein Recht verlangt, der ganz elementar in Wirkung tritt, aber dieser Naturtrieb ist nichts Sündhaftes, sondern „de natura coelestium“ [34]). Die Liebe erscheint dem Vaganten — insbesondere im Frühling — als die allbezwingende Macht, sie vertritt Trauer, Angst und Schmerz. Der Prostitution ist der Vagant im allgemeinen wenig geneigt; dies erklärt sich hauptsächlich daraus, daß die Sache Geld kostet, welches ihm ständig fehlt. Daher sind die Klagen über die Käuflichkeit der Liebe ein beliebtes Thema in seiner Poesie. All die überschwenglichen Hymnen der Vaganten auf das Glück der Liebe und die Schönheit der Geliebten sind nicht der Ausfluß der Hochschätzung des Weibes an sich, sondern leidenschaftlicher Sinnlichkeit. Daneben stehen bewegliche Klagen über die Bosheit des Weibes, wie überhaupt in den Liedern der Studenten des Mittelalters vor der Reformation das Weib als der Inbegriff von Trug und Treulosigkeit hingestellt wird. Feifalik [35]), der ein solches lateinisches Lied einer Prager Handschrift des 15. Jahrhunderts entnommen hat, das gleichfalls von der Treulosigkeit der Frauen handelt, begleitet dieses Gedicht mit nachfolgender Bemerkung, welche die Stellung der damaligen Studenten zum weiblichen Geschlecht in prägnanter Weise beleuchtet: „Die Studenten waren geistlichen Standes und mußten hiernach ehelos bleiben. Echte Frauenliebe war ihnen somit fremd, und nur der Abschaum des weiblichen Geschlechtes war es, der sich ihnen hingab. Hieraus läßt sich der Ekel erklären, womit sie — allerdings mit ungerechtfertigtem Hinübergreifen auf das ganze Geschlecht — stets der Weiber gedachten“ [36]).

Die Goliarden liebten es (gerade so wie die heutigen Studenten), die Frage im poetischen Gewande zu behandeln, wer „aptior ad amorem?“ — sie selbst oder die milites, wobei natürlich die Entscheidung zu ihren, der clerici Gunsten ausfiel. So insbesondere in dem bekannten Streitgedicht „Phyllis und Flora“:

„Flora war Studenten gut
Phyllis Kavalieren.“

Beide begeben sich zu Amors Paradies, tragen ihm die Sache vor, Amor beruft seine Richter, denn:

„Amor habet judices, Amor habet jura
Sunt amoris judices: usus et natura.“

und die Richter entscheiden, daß der Student „zur Liebe geschickter sei“ [37]).

Der Scholar war aber ein ungetreuer Liebhaber, denn ohne viele Umstände verschwand er. So klagt (Carm. burana, 171) die

---

[34]) Dies und das folgende nach Süßmilch, a. a. O.

[35]) Feifalik, Studien zur Geschichte der altböhmischen Literatur usw. nebst Beiträgen zur Geschichte der Vagantenpoesie in Österreich. In: Sitzungsber. der k. k. Akad. d. Wissenschaften zu Wien. Phil.-hist. Klasse Bd. XXXIII. Wien 1861. 163 f.

[36]) Auch Jaffé ist dieser Meinung: „. . . meist sind sie [ihre Lieder] etwas derb, manchmal pikant. Das hängt wohl damit zusammen, daß die Vaganten in der Wahl ihrer Geliebten auf die untersten Schichten angewiesen waren.“ (Jaffé, S., Die Vaganten und ihre Lieder. Berlin 1908. 9.)

[37]) Vgl. in Joh. G. Schochs Comoedia vom Studenten 1658. Hrsg. v. W. Fabricius. München 1892. 31: Käthe: „Alex ist wol ein großer Narre, daß ers Mädgen

Verlassene, daß ihr Geliebter in Franciam recessit, und sie könne ihre Schande nicht mehr verbergen, sie wage nicht auszugehen, man zeige mit den Fingern auf sie:

Cum vident hunc uterum
Alter pulsat alterum.

Der treulose Vagant kümmert sich natürlich um diese „Folgen" seiner Liebe gar nicht. Nur einmal hören wir, wie er dem Tag zwar flucht, der ihn nach dem Gesetze der Natur zum Vater gemacht hat, der Kleinen aber doch ein versöhnliches „cresce tamen, puellula!" zuruft.

So bilden denn die Liebeslieder der Vaganten „zarte, graziöse Tändeleien und grobsinnliche Erotica" (Schmeidler, a. a. O. 14), eine reiche Fundgrube für das Liebesleben der Vorläufer der eigentlichen cives academici.

Während Italien und Frankreich schon seit mehr denn drei Jahrhunderten Universitäten besaßen, trat Deutschland erst im 14. Jahrhundert in die Reihe derjenigen Länder ein, welche durch Gründung von Universitäten Mittelpunkte des geistigen und künstlerischen Lebens der Nation schufen. Diese deutschen Gründungen trugen jedoch in bezug auf Einrichtung und Bestimmung kein eigenartiges, selbständiges Gepräge, sondern schlossen sich mehr oder weniger den Vorbildern der in den oben erwähnten Ländern bestehenden Hochschulen an, von denen die ältesten die italienischen zu Palermo und Bologna und die französische zu Paris waren. Maßgebend als Vorbild für die deutschen Universitäten war in erster Linie die Universität Paris, nach deren Muster 1348 zu Prag die erste deutsche Universität errichtet wurde. Einige Jahre später entstanden die Universitäten zu Wien (1365), zu Heidelberg (1386), zu Köln (1388) und zu Erfurt (1392).

Bis dahin waren die Deutschen, die sich den Wissenschaften widmen wollten, nach den italienischen Universitäten oder nach Paris gegangen. Hier waren die Sitten nicht weniger, eher noch mehr verdorben als in den anderen Städten. Um 1400 nahm, so

---

nicht lieber einem Staudenten giebt, wenn sie Lust darzu hat, als einem Schäfer. Was ist es denn wol? ein Staudente ist jo ein bißgen besser, und ist einem doch jo auch, mein Treu, eine bessere Ehre, es sag mir auch einer was er will."

Für die spätere Zeit: Hoffmann von Fallersleben, Die deutschen Gesellschaftslieder des 16. und 17. Jahrhunderts. Leipzig 1860 Lied Nr. 294, darin die Mutter mahnt:

„Was soll Dir ein Studente?
Ich will Dir einen Kaufmann gebn
Mit dem kannst Du in Freuden lebn:
Studenten sind ohne Rente."

Worauf die Tochter erwidert:

„Ich acht kein Reichthum oder Geld,
Der Student mir viel baß gefällt,
Niemand soll mich abwenden
Von der ehrlichen Brüderschaft
Die allenthalb wird groß geacht
In allen Land und Städten."

Vgl. auch Jeanettens Lied in Bierbaum, Studentenbeichten I. 125.

lesen wir bei Hügel[38]), die Prostitution in Paris so zu, daß es schien, die Gesellschaft werde einer allgemeinen Auflösung entgegengehen. Mit dem Zusammenfluß der studierenden Jugend hatte dortselbst die Zahl der öffentlichen Dirnen — es war dies in allen Hochschulstädten der Fall — selbstredend stark zugenommen, da die Studenten als „Zölibatäre" die Hauptklientel der Prostitution darstellten[39]). Die Besuchsziffer der Studenten an den damaligen Universitäten war keine geringe, wenn auch die Zahl 30 000 für Prag[40]) im Jahre 1350 und 7000 für Wien[41]) zwischen den Jahren 1450—1460 (unter 60 000 erwachsenen Einwohnern) als stark übertrieben angesehen werden muß.

Eulenburg[42]) gibt folgende Durchschnittsfrequenzen der Universitäten von 1386—1540 an:

1. Leipzig	504	7. Heidelberg	219
2. Erfurt	427	8. Tübingen	161
3. Wittenberg	420	9. Frankfurt	154
4. Köln	390	10. Marburg	140
5. Ingolstadt	296	11. Freiburg	137
6. Rostock	222	12. Greifswald	84

Für Prag nimmt Luschin von Ebengreuth[43]) die Durchschnittszahl 500 an.

Größer als die Frequenz der deutschen Universitäten war die der Hochschulen zu Bologna, Pavia, Padua und Paris. Sie betrug 2—3000 Studenten[44]). Kein Wunder also, wenn auch die Menge der Dirnen dortselbst eine sehr große war. Ihre Überzahl wurde ebenso geduldet wie ihre Unverschämtheit. Ein Pariser Handwörterbuch des 13. Jahrhunderts stellte Dirnen und Studenten so zusammen, daß ersichtlich ist, daß die öffentliche Meinung in dem Urteil über die gewohnheitsmäßige Liederlichkeit der damaligen Scholaren einig war; Jakob von Vitry[45]) schildert in der ersten Hälfte des 13. Jahrhunderts schon das Treiben der Dirnen in Paris in kaum glaublichen Zügen: Meretrices publicae ubique per vicos et plateas civitatis passim ad lupanaria sua clericos transeuntes quasi per violentiam pertrahebant. Quod si forte ingredi recusarent, confestim eos Sodomitos post ipsos conclamantes dicebant. In una et eadem domo scholae erant superius, prostibula inferius. Ex una parte meretrices inter se et cum cenonibus litigabant, ex alia parte disputantes et contentione agentes clerici proclamabant, d. h. die

---

[38]) Hügel, Fr. S., Zur Geschichte, Statistik und Regelung der Prostitution. Wien 1885. 33.

[39]) Bloch, J., Die Prostitution. Berlin 1912. I. 696 f.

[40]) Haeser, H., Lehrbuch der Geschichte der Medizin. Jena 1875. I. 658.

[41]) Schrank, J., Die Prostitution in Wien. Wien 1886. I. 91.

[42]) Eulenburg, F., Die Frequenz der deutschen Universitäten von ihrer Gründung bis zur Gegenwart. Leipzig 1904. 53.

[43]) Luschin v. Ebengreuth, A., Quellen zur Geschichte deutscher Rechtshörer in Italien. Wien 1889. II. 25. Anm.

[44]) Luschin v. Ebengreuth, a. a. O. 31. Er hält die auch noch von Kaufmann (a. a. O. I. 183) festgehaltene Zahl von 10—12 000 Studenten für Bologna für übertrieben.

[45]) Bulaeus, Historia Universitatis Parisiensis. Paris 1666—1670; Meiners, C., Geschichte der Entstehung und Entwicklung der hohen Schulen. Göttingen 1802. I. 106, 107.

Dirnen standen auf der Straße herum und riefen die Scholaren zu sich; wollten diese nicht mitziehen, dann verhöhnten sie dieselben als Sodomiter. Ja, die Dirnen mieteten sich Wohnungen in denselben Häusern, in denen Magister Hörsäle gemietet hatten, und während dann in dem einen Zimmer Vorlesungen und Disputationen gehalten wurden, trieben in dem andern die Dirnen Unfug, und ihr Geschrei schallte zwischen die Worte der Magister hinein.

Auch auf den italienischen Universitäten wurde „die Lust des Weines und der Liebe recht eifrig gepflegt“, doch versank der italienische Student nicht reicht in rohe Völlerei. Ihn lockte Venus mehr als Bacchus, der Wein diente ihm nur zur Erhöhung und Würze der Liebesfreuden[46]. Das genußsüchtige und wollüstige Studentenleben wurde nun durch die „einheimischen Einwanderer“ auch an die neuen Pflanzstätten deutscher Kultur verpflanzt, und ein gutes Teil der Leichtlebigkeit der Pariser Studenten ging sofort auf die neugegründeten deutschen Universitäten über.

Doch da das Leben der Studenten im engsten Zusammenhang mit der Gesamtentwicklung des Volkes steht, dem sie angehören und unter welchem sie leben, so muß bei der Schilderung des Sexuallebens der Studenten an die Entwicklung des Geschlechtslebens im allgemeinen angeknüpft werden. Dieses wurde während des ganzen Mittelalters immer unverhüllter, bis es von der Naivität zur Gemeinheit gesunken war. Dem Grundsatze „naturalia non sunt turpia“ huldigte das Mittelalter in einer der Neuzeit unbegreiflichen Weise. Die intimsten Verrichtungen scheuten die breiteste Öffentlichkeit nicht; in Wort und Bild durften die widerhaarigsten Zoten ungescheut verkündet werden. Die Vorurteilslosigkeit in geschlechtlichen Dingen sah in dem Vorhandensein öffentlicher Dirnen und ihrer Benutzung etwas ganz Selbstverständliches[47]. Der auffallende Unterschied in der Stellung der Prostitution während der Renaissance im Vergleiche zu anderen Zeiten charakterisiert sich durch zwei Momente: durch den Umfang der Prostitution, die große Zahl der Dirnen und durch die einzigartige Rolle, die die Dirnen damals im öffentlichen Leben spielen durften und auch spielten[48]. Wir greifen einzelne Züge heraus. Bei öffentlichen Gastmählern und Tänzen durften die „gemeinen Frauen“ erscheinen, noch im 16. Jahrhundert namentlich bei Hochzeiten von Patriziern. Sie empfingen dabei wie andere Arme oder niedere Beamte ein Geldgeschenk oder Speise und Trank. Bei öffentlichen Festlichkeiten spielten die blumenbekränzten „freien Töchter“ eine Hauptrolle. Bei dem bürgerlichen Wettrennen in Wien sah man sie einen Wettlauf anstellen; bis zum Jahre 1524 tanzten am Johannisfeste daselbst Handwerksgesellen mit öffentlichen Dirnen um das Johannisfeuer, nachdem Bürgermeister und Rat dasselbe umritten hatten. Beim

---

[46]) Voigt, G., Enea Silvio de' Piccolomini als Pabst Pius II. und sein Zeitalter. Berlin 1856. I. 13. Zit. nach Bloch, a. a. O. 697.

[47]) Bauer, M., Das Geschlechtsleben in der deutschen Vergangenheit. 2. Aufl. Leipzig 1902. 134 ff.

[48]) Dieser Umstand und noch ein zweiter, von dem später die Rede sein soll, nahm entschiedenen Einfluß auf die Betätigung der Studenten in bezug auf das Geschlechtsleben vor und nach der Reformation.

jährlichen Hirschessen des Rates in Frankfurt überreichten bis 1529 die Dirnen des Frauenhauses Blumensträuße und wurden dafür bewirtet. Auch einziehenden Fürsten durften damals die öffentlichen Dirnen Blumen und Kränze zum Empfang darbieten. Im Jahre 1512 zog eine ganze Koppel ausgewiesener liederlicher Weibspersonen mit Kaiser Maximilian in Regensburg ein, indem sie sich am Schweife seines Rosses oder am Saume seines Kleides hielten. Eine Art Freiung war ihnen dadurch gesichert. Den hohen Herrschaften zu Ehren wurden sogar die Frauenhäuser festlich beleuchtet und die Dirnen prachtvoll, selbst in Samt, auf städtische Kosten gekleidet[49]). Wenn ich noch die Offenheit erwähne, mit der die Kosten für Benutzung der Bordelle städtische Abgesandte in ihre Reisekostenrechnung aufnahmen, mit der Kaiser Sigismund, als er 1414 zum Konzil nach Konstanz zog, für sich und sein Gefolge der Stadt Bern Dank sagte für die dreitägige Freihaltung in den „Frauenhäusern", so mag dies zum Beweis für die damalige Naivität in sexualibus oder besser für den gänzlichen Mangel an sittlichem Gefühl genügen.

Kein Wunder also, wenn die Studenten, wie damals Aeneas Sylvius[50]) über die Wiener Akademiker sagte, „der Wollust, dem Essen und Trinken ergeben" waren. Jeder Angehörige der Wiener Universität wurde mit Strafe bedroht, „qui tempore vindemiali transivisset velata faciei et qui velatus visitavit spectaculum scarlaci cum clava". Es war dies das obenerwähnte bürgerliche Wettrennen, „Scharlachrennen" genannt, ein zur damaligen Zeit beliebtes Wiener Volksfest[51]). Auch in Köln bestand ein inniger Zusammenhang zwischen Studenten und Prostituierten, da letztere ähnlich wie in Paris in nächster Nähe der „Bursen" wohnten. Wiederholt von dort verwiesen, kehrten die Dirnen immer wieder dahin zurück[52]).

Die eben erwähnte Einrichtung der Bursen war zugleich mit der Institution der Nationen von Paris mit auf die deutschen Universitäten übernommen worden. Das System der Nationen bestand ursprünglich darin, daß unter den Tausenden von Mitgliedern der einzelnen Universitäten die Angehörigen eines und desselben Heimatlandes — lediglich dem Verbande der Landsmannschaft folgend und ohne Rücksicht darauf, welches Spezialstudium der einzelne Landsmann betrieb — sich zu privilegierten großen Körperschaften, „Nationen" genannt, vereinigten. Jede Nation zerfiel wieder in „Provinzen"; an der Spitze der ersteren stand jeweils ein „Prokurator", an jener der letzteren ein „Dekan", sämtliche nach freier Wahl der Nation[53]).

---

[49]) Stursberg, H., Zur Geschichte der Prostitution in Deutschland. In: Zur Prostitutionsfrage. Düsseldorf 1884. 56.

[50]) Schrank, a. a. O. I. 96.

[51]) Vgl. O. Scheuer, Die geschichtliche Entwicklung des deutschen Studententums in Österreich. Wien 1910. 52 f.; „Scharlachrennen", weil bei dem dabei stattfindenden Pferdewettlaufen ein Scharlachtuch der erste Preis für das schnellste Pferd war. Die Preise für die wettlaufenden Männer und öffentlichen Dirnen bestanden in zwei Stück Barchent.

[52]) Ennen, L., Geschichte der Stadt Köln 1875. IV. 45.

[53]) Pernwerth v. Bärnstein, a. a. O. 9.

Unter „Bursen“ verstand man ursprünglich Stiftungskassen zum gemeinsamen Unterhalt der Scholaren an den französischen Hochschulen. Die Freiplätze wurden dann „bursae“ und endlich auch die Konviktshäuser selbst so genannt. Ein Stipendiat hieß danach „bursarius“. In Deutschland veränderte sich der Charakter der Bursen. Hier wurden sie — man nannte sie auch Kollegien — gestiftet, nicht allein, um armen Studenten billige Quartiere zu verschaffen, sondern auch deshalb, um die Tugend der Scholaren zu fördern und zu hüten. Doch nicht alle Studenten mußten in den Bursen wohnen, die „extra bursam stantes“, so nannte man sie in Wien, konnten wohnen, wo es ihnen beliebte, mußten sich aber einen Präzeptor halten. Es waren dies die Vornehmen und Reichen, von denen die meisten, der väterlichen Zucht entrückt, nur ihrem Vergnügen und ihren Neigungen lebten. Sie brachten die meiste Zeit bei Schmausereien und Trinkgelagen zu und bekümmerten sich wenig um die Disziplinargesetze der Universität[54]). Sie scherten sich auch nicht um die Gebote, die von Paris eingeführte klerikale Tracht zu tragen. Diese bestand in einem langen braunen oder schwarzen Rocke mit Ärmeln, in der Mitte durch einen Gürtel gebunden. Das Haupt bedeckte eine braune Gugel (Kaputze). Diese Tracht war den Studenten nicht genehm, sie waren dadurch als clerici kenntlich und konnten daher nicht unerkannt „gemeine verrufene Häuser“ aufsuchen. Weshalb der Eifer gegen die Übertreter dieses Gebotes immer wieder betont, daß jede weltliche Tracht vermieden werden sollte. Wahrlich erbaulich ist der heilige Ernst, mit welchem sich nicht bloß die Statuten der einzelnen Fakultäten, sondern auch die allgemeinen Statuten z. B. der Wiener Universität über Religiosität und Sittlichkeit der Studenten aussprechen. Es lag ernsten, gewissenhaften Männern zu allen Zeiten daran, daß die Jugend auf den Universitäten sittlich lebe und vor Verführung bewahrt würde. Man griff deshalb zu den verschiedensten Mitteln, meist aber ohne Erfolg. Eines dieser Mittel war, wie schon früher erwähnt, die Einrichtung der Bursen, Anstalten, in denen eine Anzahl Studierender unter strenger Aufsicht eines Konventors oder Bursenrektors zusammenleben mußte. Die Bursen waren teils Privatunternehmen älterer Universitätsangehöriger und unterstanden der Aufsicht des Rektors, teils waren sie Einrichtungen von unbescholtenen Bürgern, die von den Universitätsbehörden die Erlaubnis hierzu erhalten hatten[55]).

Will man das Leben der Studenten in den Bursen nach den für sie erlassenen Vorschriften (Hausordnungen) beurteilen, so müßte man es als ein fast klösterliches bezeichnen. Nach diesen Vorschriften wurde um 5 Uhr früh aufgestanden, der Tag verlief in fester Einteilung zwischen Gebet und Studien, und die Tore wurden abends um 8 oder 9 Uhr geschlossen. Ferner war für die Bursenrektoren vorgeschrieben, daß sie die Zimmer ihrer Bursalen, so oft es ihnen nötig schien, besuchten, um „Ausschweifungen“ und sich

[54]) Schmal, Joh. Ad., Bürger und Studenten. Ein Wiener Roman aus dem 15. Jahrhundert. Leipzig o. J. 179 S. Darin eine vortreffliche Schilderung des Lebens und Treibens eines solchen flotten Scholaren.

[55]) Meiners, C., Geschichte der hohen Schulen. Göttingen 1802. Bd. I. 150 ff.

vorfindende Mißbräuche abzustellen. Es erinnert dies lebhaft an die Zirkatoren der alten Klosterschulen, und auch den bösen Grundsatz, daß die Schüler jede Übertretung eines Genossen zur Anzeige zu bringen hatten, finden wir in den Bursen wieder[56]).

Doch die Bursalen blieben nicht bei den „unnatürlichen" Lastern. Lebten sie ja in Universitätsstädten, wo die venus vulgivaga in Scharen hauste. Und so finden wir in den Universitätsgesetzen und Hausordnungen der Bursen des 14. und 15. Jahrhunderts Verbote gegen das Besuchen „verrufener Häuser", das „Einschleppen lüderlicher Personen in die Bursen" und den „Jungfernraub". Die beiden letzteren Verbote fehlen in den Universitätsgesetzen des 16. und 17. Jahrhunderts; diese hatten sich mit ganz anderen sexuellen Vergehen der Studenten zu befassen. Doch davon später.

Die Studenten des 14. und 15. Jahrhunderts waren Kleriker — Halbpfaffen nannte sie das Volk — und waren so zur Ehelosigkeit gezwungen. Die Ehelosigkeit brachte es mit sich, daß nicht nur von den Studenten, sondern auch von ihren zum Zölibat verpflichteten Lehrern die Prostitution, wollten sie nicht unnatürlichen Lastern zum Opfer fallen, in vollem Maße ausgenützt wurde[57]). In den Statuten fast aller damaligen Universitäten finden wir daher Verbote entweder des Besuches von Bordellen (was aber seltener vorkam), oder des Einschleppens liederlicher Frauenzimmer in die Bursen und deren Beherbergung daselbst. Man vergleiche nur die Wiener Universitätsgesetze 1365, die Kölner von 1392, die Heidelberger von 1400, die Leipziger von 1410 und 1445, die Erfurter von 1447, die Greifswalder von 1456, die Ingolstädter von 1472, die Tübinger von 1477, 1498, 1518, die Wittenberger von 1508, die von Dillingen von 1554 usf.

In den Wiener allgemeinen Statuten vom Jahre 1365 hieß es § 2: Die Scholaren sollen nicht soviel die Gemeinhäuser oder Fechtschulen besuchen; in den Statuten der Theologischen Fakultät vom Jahre 1389: caveant loca suspecta, non currant passim ad vana spectacula; in den Statuten der juridischen Fakultät II. Teil § 1: vitent malas societates et praesertim infamium personarum ... loco turpia et suspecta[58]). In der Hausordnung der Rosenburse[59]): „Niemand darf bei Strafe der Ausschließung eine verdächtige Frauensperson in seine Kammer führen oder offenkundig Unzucht treiben. Trifft ein Bursale einen andern mit einer verdächtigen Frauensperson an, so verschweige er es das erstemal, ermahne beim zweiten Male den Übeltäter und zeige ihn erst beim drittenmale an. Niemand darf außer dem Hause, ja nicht einmal außerhalb seiner Kammer, übernachten."

---

[56]) Vgl. K. Schrauf, Zur Geschichte der Studentenhäuser an der Wiener Universität während des ersten Jahrhunderts ihres Bestehens. Wien 1895. 81 S.

[57]) Wir dürfen uns die Kuttenträger, und zwar Magister wie Scholaren, nicht gerade als Heilige vorstellen. „In Wahrheit ist das Mittelalter gar nicht weltflüchtig und lebenssatt, sondern voll Freude und Verlangen ... Der Inhalt seiner Lieder ist Liebeslust und Liebesleid." (Paulsen, a. a. O. 8.)

[58]) Diplomata, bullae, privilegia, libertates, immunitates, constitutiones et statuta celeb. et antiq. universitatis Vindobonensis. Viennae MDCCXCI. Edit. III.

[59]) Schrauf, a. a. O. 65.

Nach den Kölner Universitätsstatuten von 1392 war allen Magistern und Scholaren das „nächtliche Umherschweifen", die „Unzucht", der häufige Besuch von Schenken und „anderen verbotenen Orten" bei Strafe untersagt[60]).

In Heidelberg[61]) finden wir ein eigenes Verbot, Nachschlüssel zu führen (!): Ne dampnabilis usus clavium adulterinarum vulgare sermone dietherich apellatarum in nostre jurisdictioni subjectis ulterius propagetur . . . In den Greifswalder Statuten[62]) lesen wir: § 107. Item si quis mulierem suspectam introducat, vel domum tempore nocturno aperiat, aut non per hortium sed per fenestras!! post clausuram domus introeat, . . . de bursa expellatur. So und ähnlich lauteten auch die Bestimmungen der anderen Universitäten.

Für Leipzig enthüllt uns der sittengeschichtlich sehr fesselnde „Libellus formularis universitatis Lipcziensis"[63]) aus dem Jahre 1495 die vielfachen Beziehungen der Studenten zur Prostitution. Wir lesen darin von wiederholten Verboten des nächtlichen Herumtreibens (mandata de non vagando nocturno tempore), der nächtlichen Raufereien und des Umgangs mit Dirnen. In Haselbergks „Von den welschen Purppeln" (d. h. Syphilis) werden Meßreisende und Studenten als besonders häufige Besucher der „Frauenhäuser" hervorgehoben:

„Der studenten sindt alzu vil
Die schiessent auch gar woll zum zil"

heißt es dort von „Leyptzig eyn Kauffstat in Meysen"[64]).

In Ingolstadt mußte dem Schaffner des „Collegium Georgianum" 1565 von der Regierung verboten werden, die Küche oder Küchenstube zu verschiedenen Stelldichein oder gar zu Tänzen benutzen zu lassen. In Reformvorschlägen vom Jahre 1587 wurde unter anderem vorgeschrieben: irgendwelche Weibspersonen dürften in Zukunft das Kollegium nicht mehr besuchen. In ein grelles Licht traten die Zustände, als im Jahre 1601 eine im Kollegium dienende Magd ihr dort außerehelich geborenes Kind ums Leben brachte[65]).

Die Statuten der Universität Dillingen legten großes Gewicht auf die honestas morum und zählen die verschiedenen Tugenden auf, welche ein Student haben soll, besonders pudicitia, sobrietas. Doch fehlte es auch hier nicht an Sittlichkeitsdelikten. Die Statuten für externe Studenten vom Jahre 1554 bestimmten: De pudicitia. Quare praecipimus, ne cuiquam permittatur domum inhabitare, in qua fe-

---

60) F. J. von Bianco, Die alte Universität Köln und die späteren Gelehrten-Schulen dieser Stadt. Köln 1855. I. Tl. 96 ff.

61) Bei Winkelmann, Urkundenbuch der Universität Heidelberg. Heidelberg 1886. I. 143.

62) Kosegarten, Geschichte der Universität Greifswald. Greifswald 1875. Bd. II.

63) Abgedruckt bei F. Zarncke, Die deutschen Universitäten im Mittelalter. I. Beitrag. Leipzig 1857. 155 ff. Der Libellus formularis ist eine Sammlung von Formularen für Mandate, Zeugnisse und Briefe aller Art, die ein lebendiges Bild vom Leben und Treiben der Leipziger Studenten in jener Zeit aufrollt.

64) Haselbergk, Joh., Von den welschen Purppeln. 1533. Zit. nach Fuchs, C. H., Die ältesten Schriftsteller über die Lustseuche in Deutschland. Göttingen 1843. 363 ff.

65) Prantl, C., Geschichte der Ludwig-Maximilians-Universität in Ingolstadt, Landshut, München. München 1872. I. 341 f., 393.

mina sit suspectae pudicitiae, aut domum ingredi, ubi constet feminam esse aliquam, quae publice male audiat. Multo autem minus ferri volumus, ut eius modi quis feminam in suam domum introducat. Qui deprehensus in his criminibus fuerit, si admonibus semel atque iterum non resipuerit, exigatur ex nostra urbe; nam enim in schola pudicitiae impudicus ullus tolerandus est[66]).

Interessant sind die Strafen, mit denen die Studenten für ihre sexuellen Vergehen belegt wurden. So mußte z. B. in Ingolstadt ein Bursale, wenn er das erstemal in einem Bordell ertappt wurde, eine Strafe von drei Groschen, das zweitemal eine solche von sechs Groschen zahlen, im weiteren Wiederholungsfalle wurde er aus der Burse verjagt. In Heidelberg kostete das Kneipen oder auch nur ein kurzes Verweilen in einem Freudenhause die Strafe von 1 fl., wenn nicht der Übeltäter gar als leno publicus behandelt wurde[67]). Diese Geldstrafen erinnern an den Ablaß, jenen famosen Sündenvergebungspreiskurant, den das Papsttum seit dem 12. Jahrhundert herausgab.

Was nun den verbotenen Jungfernraub betrifft, so folgten die clerici scholares nur den Beispielen ihrer Lehrer[68]). Als im 14. Jahrhundert der Kampf um die Priesterehe von neuem tobte, und diese auch von vielen Priestern energisch gefordert wurde, gab der berühmte französische Kirchenlehrer Gerson folgende Rechtfertigung des unkeuschen Lebens der Mönche: „Verletzt ein Priester das Gelübde der Keuschheit, wenn er eine unzüchtige Handlung begeht? — Nein! das Gelübde der Keuschheit bezieht sich bloß auf das Nichteingehen einer Ehe." Nur diese Einschränkung macht Gerson den Priestern: „Die Werke der Unzucht nur im geheimen zu üben, nicht an Sonntagen, nicht an heiligen Orten, und nur mit Unverheirateten."

In Ingolstadt beklagte sich 1497 der Theologe Zingel über die Schlaffheit der von den Rektoren geübten Disziplin. Das käme daher, weil „die doctores haben vasst alle weyber und achten der ler nit[69])." In Leipzig nahmen die Lehrer ihre Konkubinen ins Haus, ja sogar zu Tisch, wo gemeinsam gegessen wurde. Man kümmerte sich aber nicht darum, und es erfolgte auch keine Strafe, „denn es wil keyner der katzen dye schellen anhengenn"[70]).

Wie die Kleriker, so dachte man damals im allgemeinen über die in das sexuelle Gebiet fallenden Ausschweifungen milder. So antwortet die Leipziger Universität 1475[71]) gelegentlich einer Klage des Rates, daß Studenten versucht hätten, ein aus dem Kollegien-

---

66) Specht, Th., Geschichte der ehemaligen Universität Dillingen (1549—1804). Freiburg 1902. 618.

67) Winkelmann, a. a. O. I. 145. (Statut von 1442).

68) Wiederholt versagten die Studenten unter Berufung auf das Betragen der Vorsteher der Bursen geradezu den Gehorsam der Statuten. So z. B. in Freiburg i. B.: „. . . quod et ipsi choreas vitent, noctu et ipsi vicatim ambulent, vociferent et discurrant per oppidum . . ." (Schreiber, H., Geschichte der Albert-Ludwigs-Universität in Freiburg i. B. 1868. [Neue Ausgabe] II. 69.)

69) Prantl, a. a. O. II. 134. Urk. No. 28.

70) Stübel, B., Urkundenbuch der Universität Leipzig von 1409 bis 1555. Leipzig 1879. 312.

71) Bruchmüller, Der Leipziger Student 1409—1909. Leipzig 1909. 18.

keller Bier holendes Bürgermädchen gewaltsam in die Kollegien zu entführen und zu mißbrauchen, kühl genug, es sei ihr nicht bewußt, daß die Ausschreitungen, über die der Rat klage, von Studenten unternommen seien, sei dies aber wirklich geschehen, so trage allein der Rat die Schuld daran, da er gestattet habe, Stuben in den Weinkellern zu errichten, „dorynne sich solliche büffen unnd unezüchtige dyrnen zeu samen fynden". In Leipzig scheint es besonders arg getrieben worden zu sein. So gab es dort häufig Exzesse, wie der im Jahre 1472, wo Studenten im Bordell mit anderen Besuchern in Streit gerieten und sogar von ihren Waffen Gebrauch machten[72]). Ein Leipziger Bordell um 1500 — „impudicarum mulierum colluvis, quae in ganeis extra portam Hallensem una habitabant sub antistita" — erhielt von dem häufigen Studentenbesuch den Namen quintum collegium. Doch kann man hier nicht gut von besonders eklatanten Beispielen reden, wenn man die Motivierung liest, welche der Jurist Baldus dem Privilegium: locans domum suam scholarem juveni non poterit eum expellere, quod meretrices in eam induxerit, quasi in re locata male versatus esset, gibt: quia hoc — er setzt nämlich den Kommentar hinzu — praesumere debuit a communiter accidentibus. Bekannt ist, wie leichtfertig selbst in der Theorie das Urteil über Hurerei war. Accessus ad meretrices est licitus et de jure impunibilis, verteidigte Christ v. Straßen, der Rechtslehrer zu Frankfurt a. O., um 1500 öffentlich, und so sehr war dies noch allgemein Grundsatz, daß der Churfürst dem Theologen Aloisius verwehrte, gegen seinen Liebling aufzutreten[73]).

An Zuchtgesetzen fehlte es an den ältesten deutschen Universitäten nicht; nicht nur der Fleiß, auch die Sitten sollten unter Kontrolle stehen — und nicht bloß jene der Schüler, sondern auch die der Bursenrektoren. Die Universität selbst hatte diese Kontrolle auf sich genommen. Die Sittengesetze waren keineswegs lax, doch lähmte die Sittenlosigkeit, wie sie im Volke herrschte, ihre Handhabung. Auch die Bursen hatten das nicht halten können, was sich ihre Gründer von ihnen versprochen hatten. Ihre Geschichte zeigt, „daß sie nicht immer die rettende Arche waren für die, welche sie beherbergten" [74]). Doch nicht in ihrer Idee, sondern in einem leichtsinnigen und pflichtvergessenen Handeln der Bursenrektoren ist die Ursache des Verfalls dieser Anstalten zu suchen. Die Vorsteher bemühten sich nämlich des Gewinnes halber, durch alle erdenklichen erlaubten und unerlaubten Mittel die Zahl ihrer Hausgenossen zu vermehren, beseitigten deshalb alle Strenge und Zucht, ignorierten die bösen Streiche der Bursarien, suchten ihre Vergehen zu unterdrücken und zu beschönigen, um auf solche Weise ihre Anhänglichkeit zu gewinnen; wie Pernwerth von Bärnstein sich gut studentisch ausdrückt, „die Bursenrektoren verstunden das Keilen und fürchteten den Verruf". Die einreißende Sittenlosigkeit der Bursenrektoren selbst teilte sich selbstredend den Bursarien in er-

---

[72]) von Posern-Klett, Frauenhäuser und freie Frauen in Sachsen. In: Archiv f. d. sächs. Geschichte. Leipzig 1873. Bd. XII. 73.

[73]) Janssen, J., Geschichte des deutschen Volkes. Freiburg 1893. Bd. VII. 194.

[74]) G[eorg] H[elm], Über deutsche Hohe Schulen im Mittelalter. Salzburg 1885. 16.

heblichem Maße mit. Die „epistulae obscurorum virorum“ der Humanisten aus dem Anfang des 16. Jahrhunderts und die „quaestiones fabulosae“ aus dem Ende des 15. Jahrhunderts, die Lieder und Sprüche der Studenten und Professoren dieses Zeitraumes geben darüber deutlichen Aufschluß. Sie bestätigen, wenn auch vielfach übertrieben, die trüben Bilder, die uns die Universitätsakten vorführen, aus denen sich viele Belege gewinnen lassen, die beweisen, daß es der Karikatur der epistolae nicht an einem tatsächlichen Untergrund mangelte. Die „Briefe von Dunkelmännern“ entstammen dem hitzigen Kampfe, der zwischen den Scholastikern und den Humanisten geführt wurde. Die nächste Veranlassung zum Erscheinen der Briefe war der Streit Johannes Reuchlins, welcher neben Erasmus von Rotterdam anerkannt den Prinzipat der Gelehrsamkeit behauptete, mit den Dominikanern in Köln, wo dieser Orden damals seinen Hauptsitz hatte und das letzte Bollwerk gegen das eben erst entzündete Licht der Aufklärung bildete. Die Briefe sind schlagend, treffend, vernichtend und decken uns — freilich mit den gröbsten Waffen fechtend — das geheime Treiben der Obskuranten in seiner ganzen Blöße auf[75]). Die Universitätslehrer werden darin dargestellt „als verliebte, lüsterne Gesellen, die (natürlich sind sie unverheiratet) den Mägden und Weibern nachgehen, lieber alten als jungen, aus bewegenden Gründen“ [76]). Was immer man von den Epistolae halten mag, auf jeden Fall bilden sie ein historisches Zeugnis, wie die damalige Universitätswelt und der Klerus über geschlechtliche Dinge dachten[77]). Die „Quaestiones fabulosae“ waren scherzhafte studentische Disputationen, mit denen es folgende Bewandtnis hatte: Auf den Universitäten pflegte alle Jahre, hie und da nur alle vier Jahre, ein großartiges Disputationsturnier, ein scholastisches Schauturnen vorgenommen zu werden, die disputatio de quodlibet[78]), die mit besonderer Feierlichkeit begangen wurde. Diese „seltsame Disputationsschlacht nahm sich wie eine große Parade aus, in der alles Rüstzeug des Wissens und der Dialektik aufgeführt und ein Einblick in den ganzen Umfang der geistigen Kräfte, welche die grundlegende Fakultät [der Artisten] besaß, und in die logische Schulung, welche die Universität überhaupt pflegte, eröffnet werden sollte“ [79]). Diese Disputationen dauerten oft mehrere Tage. Um durch die lange Dauer die Zuhörer nicht zu ermüden, ward es gestattet (wenigstens in Wien,

---

[75]) Briefe von Dunkelmännern (Epistolae obscurorum virorum). Übersetzt von Dr. W. Binder. Köstritz 1904. Einleitung VII u. IX.

[76]) Paulsen, a. a. O. 89.

[77]) Im Anfang der Briefe steht das berüchtigte Lied, das auch viel von Studenten gesungen wurde:

„Pertransivit clericus
Durch einen grünen Waldt,
Invenit ibi stantem
Ein Mägdlein wol gestalt.“

ferner:

„Disce bene, clerice, virgines amare
Quia sciunt dulcia oscula praestare.“

[78]) Zarncke, F., Kleine Schriften. Leipzig 1898. II. Bd. 16.

[79]) Thorbecke, A., Die älteste Geschichte der Universität Heidelberg 1386 bis 1449. Heidelberg 1886. 72.

Köln, Heidelberg und Erfurt), während der Pausen und am Ende scherzhafte Themata humoristisch zu behandeln; man nannte sie quaestiones minus principales, auch accessoriae fabulosae facetosae[80]). Von der Unflätigkeit und Zotenjägerei dieser akademischen Scherzreden kann sich nur der einen Begriff machen, der die von Zarncke wieder herausgegebenen Quaestiones fabulosae gelesen hat. Schon die Titel sind vielverheißend: De fide meretricum, De fide concubinarum, Monopolium der Schweinezunft, De generibus ebriosorum et ebrietate vitanda[81]). Uns interessieren hier die beiden um das Jahr 1500 in Heidelberg unter dem Vorsitz des Johannes Hilt gehaltenen Reden: De fide meretricum von Jacob Hartlieb und De fide concubinarum von Paul Olearius. Darin werden die gemeinsten und obszönsten Geschichten von verlotterten Dirnen, liederlichen Klerikern und berufsmäßigen Trunkenbolden mit einer Ungeniertheit vorgetragen, daß man wahrlich staunen muß. Die Scherzrede des Magisters Hartlieb, deren genauer Titel lautet: „De fide meretricum in suos amatores. Quaestio minus principalis urbanitatis et facetiae causa in fine quodlibeti Heidelbergensis determinata a magistro Jacobs Hartlieb Landoiensi" enthält eine Warnung vor den Ränken und Listen der Dirnen mit vielen Stellen aus römischen Dichtern, besonders Ovid und Virgil, sowie mit Zitaten aus dem römischen und kanonischen Recht belegt und mit allerhand deutschen Redensarten und Übersetzungen durchzogen, und vor allem wichtig dadurch, daß sie die innigen Beziehungen zwischen Studententum und Prostitution in der Ausbildung eines gemeinsamen Jargons zeigt[82]), eine Tatsache, auf die beiläufig auch W. Uhl[83]) hinweist.

So geben uns diese scherzhaften Reden ein schmutziges, leider zumeist der Wahrheit entsprechendes Bild des damaligen Universitätslebens, ebenso wie die Epistolae obscurorum virorum beißende Satyren auf die bestehenden Bursen und des daselbst eingerissenen Unwesens enthielten. Die Studenten ließen sich in diesen Zwangsanstalten nicht länger mehr halten, sie traten massenweise aus und „liefen den Poeten nach". Die Bursen verödeten, zerfielen.

Inzwischen vollzog sich, ausgehend vom Wittenberger Professor Dr. Martin Luther, das folgenschwere Ereignis der Kirchenreformation. Man kann es, schreibt Hügel[84]), der Reformation nicht absprechen, daß sie der damals so sehr gesunkenen Sittlichkeit und Moral nebst anderem auch durch die Aufhebung des Zölibates wieder aufgeholfen hat. Was letztere anlangt, so hatte, sagt Scherr[85]), „diese Tat nicht etwa nur die Bedeutung einer Rache der beleidigten Natur an den Mönchsgelübden, sie war viel-

80) Zarncke, a. a. O.

81) Zarncke, F., Die deutschen Universitäten im Mittelalter. Leipzig 1857. I. Beitrag. 49 ff.

82) Bloch, a. a. O. 700.

83) Wilhelm Uhl, Die deutsche Priamel, ihre Entstehung und Ausbildung. Leipzig 1897. 27. Uhl hält die quaestiones fabulosae für die Vorläufer der heutigen akademischen „Bierzeitungen".

84) a. a. O. 47.

85) Scherr, Johannes, Geschichte der deutschen Frauenwelt. 5. Aufl. Leipzig 1898. II. 14.

mehr der feierliche Widerruf jener Entwürdigung des weiblichen Geschlechts, welche kirchenväterlicher Afterwitz und päpstliche Herrschsucht herbeigeführt hatten; sie war eine neue Weihe der Ehe, eine neue Heiligung des Familienlebens, eine Wiedereinführung des Priesters in die Gesellschaft . . . Es war seine beste Tat."

Luther ging auch dem schwierigen Problem: Student und Studentenliebe nicht aus dem Wege. Er wahrte die Ehre der jungen Bürgermädchen vor studentischer Zügellosigkeit. In Wittenberg wie anderweitig lauerte auch hier Gefahr genug[86]): „Die Studenten pflegten der Heiligen Feste, Burchardi, Ivonis und Panthaleonis zu halten, tranken und waren fröhlich und baten die Bürgertöchter zum Tanze. Bisweilen boten die Jungfrauen und setzten den Gesellen die Kränze auf und sie setzten wiederum der Studenten Barette auf. Dagegen predigte Doktor Martinus so hart und scharf, daß danach die Eltern ihre Töchter, die mannbar waren, in ihren Häusern behielten. Und dadurch kriegte Luther bei den vornehmsten Bürgern Anhang, Lob, Ehre und Preis"[87]). Daß Luther mit besonderer Heftigkeit gegen Bordelle und öffentliche Dirnen eiferte, braucht nicht erst recht betont zu werden[88]). In der Nähe von Wittenberg befand sich ein Wäldchen, welches besonders wegen der darin ihr Unwesen treibenden Buhldirnen berüchtigt war und von jungen Leuten, insbesondere von Studenten, gerne besucht wurde. Luther, der davon Kunde erhielt, schlug darauf am 13. Mai 1543 an die Kirche zu Wittenberg eine längere, ziemlich derbe „Ernste Vermahnung und Warnschrift an die Studenten zu Wittenberg", in welcher er vor den „französichten Dirnen" warnte[89]). Leider vergebens. Die Studenten und ihr zügelloses Treiben verbittern Luthers Lebensabend. Ihre Trinksitten und Liebesabenteuer erzeugen in ihm den Glauben, daß er vergebens gearbeitet habe[90]).

Noch ausschweifender und roher wurde das Studentenleben während des dreißigjährigen Krieges, der die sittlichen Errungenschaften der Reformation wieder zerstörte. Die Unzucht brach in erhöhtem Maße über Deutschland herein, da alle Bande des Gesetzes und der Religion durch ihn zertrümmert wurden. Und kaum hatte sich Deutschland von den unglückseligen moralischen Folgen

[86]) Koehler, Walter, Die deutsche Reformation und die Studenten. Tübingen 1917. 30.

[87]) Chronik des Johan Oldecop (1500—1571), hrsg. v. K. Euling. Tübingen 1891. 45.

[88]) Vgl. hierzu H. Stursberg, Zur Geschichte der Prostitution in Deutschland. Düsseldorf 1884. 49 f.

[89]) „Ihr wollet ja gewißlich gläuben, daß der böse Feind solche Huren hieher sendet, die da grätzig, schäbig, garstig, stinkend und französicht sind, wie sich leider täglich in der Erfahrung befindet. Daß doch ein gut Gesell den andern warne, dann eine solche französichte Hure 10, 20, 30, 100 guter Leute Kinder verderben kann. Wer nicht ohne Huren leben will, der mag heimziehen und wo er hin will; hie ist ein christlich Kirch und Schule, da man soll lernen Gottes Wort, Tugend und Zucht. Wer ein Hurentreiber sein will, der kann's wohl anderswo thun. Unser gnädiger Herr hat diese Universität nicht gestiftet für Hurenjäger und Hurenhäuser, da wisset euch nach zu richten." (Luther's Briefe, Sendschreiben und Bedenken, hrsg. von de Wette. Berlin 1828. Bd. V. 561.)

[90]) Koehler, W., a. a. O. 24.

dieses Krieges wieder etwas erholt, so wurde durch das Zeitalter Ludwigs XIV. in den deutschen Gauen neuerdings ein Zustand der Unsittlichkeit wachgerufen, der sich von jenem Frankreichs kaum unterschied. Die Winkelprostitution und das Konkubinat nahmen in so außerordentlichen Dimensionen zu, daß der eigentliche Zweck der Bordelle darüber beinahe verloren ging. Dadurch gewann das Sexualleben der deutschen Studenten nach der Reformation eine ganz andere Richtung. Verbote über Besuche öffentlicher Häuser fehlen zumeist in den Universitätsprotokollen, dafür finden wir Verordnungen gegen geschlechtliche Ausschweifungen, gegen unanständiges Verhalten bei Tänzen (das Verbot des sogenannten „Verdrehens" und „Abstoßens" beim Tanze), gegen den Umgang mit verdächtigen Frauenzimmern und die Verführung der Bürgerstöchter. Daß alle diese Verbote wenig Erfolg hatten, zeigt deren oftmalige Wiederholung[91]), und was das Verbot gegen die Verführung der Bürgerstöchter betrifft, so legen die Kirchenbücher und die noch vorhandenen Listen der in Jena und anderen Universitätsstädten erfolgten außerehelichen Geburten aus diesem Zeitabschnitt ein beredtes Zeugnis ab. Daß es damals zu so vielen außerehelichen „Schwängerungsfällen" kam, lag gewiß nicht allein in der Schuld der Studenten. Wohl werden in vielen Fällen leichtgläubige Mädchen von leichtsinnigen Studenten durch Eheversprechungen getäuscht und ins Unglück gebracht worden sein, doch ob die Mädchen selbst von aller Schuld freizusprechen waren, oder gar die Eltern der Mädchen? Schon 1549 läßt Stymmel[92]) in seinem Lustspiel „Die Studenten" (V. Akt, 4. Szene) den Eubulus ausrufen:

„Hat zu Hause so
dann Einer reife Töchter, und ist Keiner, dem er sie
sonst aufzudringen weiß, so lockt die unerfahrenen
Jünglinge er ins Netz, die dann zu eh'lichen gezwungen sind
die Dirnen. Ja, in allen Ehren macht den Kuppler gar er so,
begiebt hinweg sich um zu bieten bessere Gelegenheit.
Als wenn man nicht die Mädchen halten müßte stets in strenger Hut
und von dem häufigen Verkehr mit jungen Männern weit entfern."

Und die Mädchen selbst? Die Zeugnisse über sie sind nicht die besten. So heißt es in einem Briefe[93]) 1778: „Nach den Mädchen an Universitäten muß man ja die andern nicht beurtheilen" ... Jene „glauben, das größte Glück eines Mädchens sey, viel Eroberungen zu machen, nicht aber einen einzigen zu gewinnen, mit dem man sich aufs ganze Leben durch verbinde. Durch die vielen Versprechungen, die ihnen die Studenten thun und nicht halten, bekommen sie vom ganzen männlichen Geschlecht eine üble Meynung,

91) „Es scheint übrigens, der Senat [der Universität Tübingen] habe solchen Geschichten mit besonderer Vorliebe seine Aufmerksamkeit gewidmet. Geht in der Stadt irgend ein Gerücht von einem verdächtigen Wandel oder Verhältniss, alsbald wird es im Senat zur Sprache gebracht und amtliche Notiz davon genommen." (Klüpfel, K., Geschichte und Beschreibung der Universität Tübingen. Tübingen 1849. 123.)

92) Stymmel, Christoph, Studentes, Comoedia de vita studiosum. Frankfurt a. O. 1549. Die Übersetzung nach F. H. Meyer, Studentica. Leipzig 1857. 98. Vgl. auch Schmidt, E., Komödien vom Studentenleben aus dem 16. und 17. Jahrhundert. Leipzig 1880. 9.

93) Briefwechsel dreyer Akademischer Freunde. Ulm 1778. 2. Aufl. I. Sammlg. 130.

und daher ist's ihnen gleichviel, welchem sie gefallen. Geht heut der Eine ab, so kommt morgen wieder ein anderer." Schnabel[94]) urteilt ähnlich: „So sind nun einmal die Mädchen, sie lieben das Abenteuerliche, Leichtsinnige und Auffallende, so sind sie besonders in Universitätsstädten."

Die Gesetzgeber der Universitäten, ja selbst die Kirchenbehörden teilten scheinbar das böse Urteil über das schwache Geschlecht, denn sonst wären die damaligen Universitätsgesetze[95]) und Bestimmungen der kirchlichen Behörden nicht zu begreifen, nach welchen schwangeren Mädchen gegen Studenten keinerlei Ansprüche, selbst nicht in Betreff der Alimente für die außerehelichen Kinder zustanden, die betreffenden Studenten vielmehr, wie z. B. noch 1777 in Jena, nur eine Geldstrafe für einen gemeinnützigen Zweck (12 Thlr. Conv. an die Bibliothekskasse) zu erlegen verpflichtet waren[96]). In Göttingen bestimmten die Universitätsgesetze, daß der Beweis der Verführung der Klägerin auf das strengste geführt werden müsse, und wurden die in solchen Angelegenheiten außergerichtlich, d. h. nicht vor dem akademischen Gerichte eingegangenen Vergleiche für ungültig erklärt. (Verordnung vom 29ten Junius 1793)[97]). Später wurde zu dieser Verordnung durch eine am 15. Nov. 1805 ergangene „Deklaration" noch bestimmt: „Wenn Geschwächte, nach gerichtlich geschlossenem Vergleiche mit dem Vater ihres Kindes noch etwas von demselben zu erpressen, oder ihn irgend zu beunruhigen suchen, so sollen sie in jedem Contraventionsfalle, mit achttägigem Gefängnisse, und von den Personen, welche ihnen dabey behülflich gewesen sind, die Advokaten und Notarien mit Verbot ihrer Praxis, die Copisten und Briefschreiber aber mit viertägigem Gefängnisse bestraft werden"[98]).

Derlei einseitig gehaltene Gesetze zogen jedoch üble Folgen nach sich. Was blieb den geschwängerten Mädchen übrig, wenn sie vor Gericht keinen Schutz fanden? Darüber schweigt die Ge-

---

[94]) Felix Schnabels Universitätsjahre. 1835. Neudruck 1907. 370.

[95]) Das lag allerdings auch darin, daß von der Mitte des 16. Jahrhunderts an die akademische Gerichtsbarkeit ihren alten Charakter verlor. Während bis dahin der Universität die Gerichtsbarkeit über alle Universitätsangehörige zustand, ward jetzt daraus das Recht der Dozenten über die Studenten, die Disziplinargewalt von Rektor und Senat. Das war von Übel. Denn während die Universitäten alle Zivil- und Strafklagen bewußt einseitig nach dem Gesichtspunkte ihrer Disziplin, nach dem Schaden für ihre innere Ordnung beurteilten, gab es keine Instanz, welche dieselben Handlungen nach ihrer allgemeinen Bedeutung für das bürgerliche Leben gewürdigt hätte. Dadurch gewöhnte man sich daran, daß der Student für Dinge, welche jeden seiner Altersgenossen aus anderen Lebenskreisen ins Gefängnis oder zu noch schlimmeren Strafen gebracht hätten, mit einem Verweise, mit einigen Tagen Karzer oder einer geringen Geldbuße, schlimmstenfalls mit der Relegation belegt wurde. (Stein, a. a. O. 113.)

[96]) Richard und Robert Keil, Geschichte des Jenaischen Studentenlebens. Leipzig 1858. 130. Vgl. Felix Schnabels Universitätsjahre, 404: „In Jena kostete dem Musensohn ein junger Sproß keuscher Triebe nur 14 Thaler und 8 gute Groschen sächsisch."

[97]) „Ein sehr heilsames Gesetz, das von sehr guten Folgen gewesen, und dem Mitgliede der Universität, das den Vorschlag dazu besonders betrieben, stets Ehre machen wird." (E. Brandes, Über den gegenwärtigen Zustand der Universität Göttingen 1802. 305.)

[98]) Gesetze für die Studierenden der G.-A.-Universität zu Göttingen vom 16. Sept. 1814. Cap. V. § 19. Unzucht.

schichte. Doch schon damals griffen die unglücklichen Mädchen zu den heute leider noch nicht abgekommenen Mitteln: zum Selbstmord und zum Kindesmord. Ein „Verzeichnis aller seit 1531 bis August 1804 [in Jena] durch einen widernatürlichen Tod ums Leben gekommenen Personen", das ich im Buche von Faselius[99]) vorfand, gibt deutliche Kunde davon. Fast auf jeder Seite findet sich ein Selbstmord oder die „Hinrichtung mit dem Schwerte" eines Mädchens wegen Kindesmordes verzeichnet.

Außerdem erklärten die Gesetze fast aller Universitäten die „gesetzwidrigen oder wenigstens nachteiligen Verbindungen von Studierenden mit Personen des anderen Geschlechtes" für null und nichtig. Diese Verbote bestanden bis ins 18. Jahrhundert hinein. So hieß es z. B. in dem von der Tübinger Universität gemeinsam mit der Stadt erlassenen Statut vom Jahre 1575 u. a.: „Nachdem es sich etzlichemale zugetragen, daß junge Studenten sich ohne Vorwissen ihrer Eltern verehelicht, so wird dieses verboten. Niemand solle sich auch bei Strafe, vor das Ehegericht geschickt zu werden, in heimliche, von Gott ernstlich verbotene Eheverhältnisse einlassen." 1610 wird vom Basler Rat beschlossen, wegen der häufigen frühzeitigen Ehen der Alumnen, den Schuldigen das Stipendium zu entziehen[100]). Im § 12 der akademischen Gesetze der Universität Göttingen[101]) hieß es: „In Ansehung der Eheverlöbnisse der Studierenden findet dasjenige, was in der Ehe-Verlobungs-Konsulution vom 16. Januar 1733 als gemeines Landrecht bestimmt ist, seine volle Anwendung; und sind folglich alle Verlöbnisse, welche von akademischen Bürgern ohne ihrer Eltern und Vormünder Einwilligung geschlossen worden, wenn sie auch eidlich geschehen, und der Beischlaf hiezu gekommen wäre, so ungültig, daß darauf keine Klage auf Vollziehung der Ehe in den Gerichten angenommen wird. Wie es aber wegen der den Geschwängerten allenfalls zustehenden Satisfaktion und Alimentations-Klage gegen Studierende zu halten sey, ist durch eine besondere Verordnung festgesetzt, welche in den Beylagen dieser Gesetze befindlich ist, und in vorkommenden Fällen genau befolgt werden soll. Wer übrigens der Unzucht geständig ist, oder derselben überführt wird, muß die in den Landesgesetzen vorgeschriebenen Hurenbrüche zahlen." 1752 beschloß der Senat der Universität Freiburg i. B.[102]), daß, „wenn sich ein Student hinfür verheirate, solches aber ohne spezielle Erlaubnis geschehe, derselbe ipso facto von dem Forum der Universität ausgeschlossen sei". In den Würzburger allgemeinen Statuten von 1785[103]) lesen wir folgende schwülstigen Auslassungen über

[99]) Joh. Adolph Leop. Faselius, Neueste Beschreibung der Herzogl. Sächs. Residenz- und Universitätsstadt Jena. Jena 1805. 159 ff.

[100]) Tholuck, A., Das akademische Leben des 17. Jahrhunderts. Halle 1853. 1. Th. 219.

[101]) Meiners, Über die Verfassung und Verwaltung deutscher Universitäten. Göttingen 1802. Bd. II. 261.

[102]) Klotz, E., Die akademische Gerichtsbarkeit in alter und neuerer Zeit. In: Festblatt zur Einweihung des neuen Kollegienhauses der Alb.-Ludwigs-Universität Freiburg. 1911. 44.

[103]) Wegele, F. X. von, Geschichte der Universität Würzburg. Würzburg 1882. II. Th. 436.

das Eheverbot der Studenten: „Um hierinn den schlimmen Folgen, welche allzufrühzeitig und aus angemaßter übelverstandener Freyheit eingegangenen Sponsalien nach sich ziehen können, nach allen Kräften zu steuern, so werden alle Eheverlöbnisse, welche von den Akademikern, sowohl einheimischen als fremden, wenn sie auch mit Vorwissen der Eltern und Vormünder und unter den in der Verordnung vom 28. Jänner 1764 vorgeschriebenen Erfordernissen abgeschlossen worden sind oder eine Schwängerung der verlobten Person erfolgen sollte, durch eine vom 5. November 1785 ergangene gnädigste Verordnung für beyderlei Geschlecht für gänzlich unkräftig und unverbindlich erklärt, daß unter keynerlei Vorwand einige Klage weder auf die zu vollziehende Eheverbindung, noch auf einen allenfalls zu erstattenden Abtrag Platz haben soll. Im Gegentheil aber sollen Verbrecher und Verführer unschuldiger und schwacher Personen nicht nur zur Kindes-Nahrung und Erstattung der geschändeten Ehre gemessenst angehalten werden, sondern man wird auch gegen solche Vergehungen mit scharfer Ahndung, auch mit Kerkerstrafe und Verweisung von der Universität nach obwaltenden Umständen gebührend und nachdrucksamst verfahren." Und aus dem Jahre 1776 besteht ein Edikt der Universität Kiel, daß „die Ehegelübde der Studierenden zu Kiel, bey ermangelnder Einwilligung ihrer Eltern und Vormünder, ungültig seyn sollen. Christiansburg, den 28sten Märtz, 1776."

In Jena hieß es im Oberkonsistorialreskript vom 13. Juli 1773[104]) noch merkwürdiger, daß „künftig keine jenaische Weibsperson, weß' Standes sie auch sei, bei Vermeidung empfindlicher Leibes- und nach Befinden anderer harter Strafe sich mit einem Studenten in eheliche Verbindung einlassen solle". Hier wurde also dem weiblichen Teile mit der Strafe gedroht[105]). Und wenn die Behörden nicht eingriffen, war die akademische Jugend mit rascher Selbsthilfe zur Hand. So stürmte sie 1776 in Jena das Haus einer Dirne, welche das schriftliche Eheversprechen eines Studenten besaß, und zwang sie, dasselbe herauszugeben.

Daß es für die Universitätsbehörden nicht immer leicht war, die rechte Entscheidung zu treffen, und mancher Rektor in eine Zwangslage kam, zeigt der Vorgang, der sich in Freiburg i. B. abspielte: Einem Paar, das sich vor dem Rektor auf die Knie warf, erwiderte er: „Verehelicht Ihr Euch, so wird der Student der Stadt überwiesen, verehelicht Ihr Euch nicht, so kommt er auf 8 Tage in die Keusche." Schließlich wurde an den Bischof von Konstanz das Ersuchen gerichtet, „daß er nach dem Beispiel der Universitäten Mainz, Würzburg und Ingolstadt die Sponsalien für null und nichtig erklären wolle" [106]).

Aber nicht nur von Amts wegen, sondern auch von privater Seite erhoben sich fortwährend Stimmen, die die Studentenehen ver-

---

104) Keil, a. a. O. 205.

105) Die Bürgermädchen kamen meist mit einer Kirchenstrafe davon. Sie mußten während der Predigt im Chor auf den Knien liegen; dann nahm der Pastor die Reuigen wieder in die Gemeinde auf und reichte ihnen das Abendmahl. Ob derlei Strafen von Nutzen waren, ist eine andere Frage.

106) Klotz, a. a. O.

urteilten. So ruft schon in Schoch's „Comoedia vom Studentenleben" (1638) Pickelhäring den Jungfern zu: „Trauet bey Leibe jo keinem Studenten, wenn er gleich schwüre, daß ihm die Augen bluteten!" Reinwald warnt in seinem Studentenspiegel[107]), „daß es wider die Klugheit sey, eine Kuh zu kaufen oder kaufen zu wollen, und noch keinen Stall dazu zu wissen". Gottsched[108]) beschreibt in seinen „Vernünftigen Tadlerinnen" (1726) das Leben eines reichen Studenten, der nur cavallièrement studiert und dessen Beschäftigung in Genießen, Schmeicheln und Flirten besteht. Er verurteilt dabei auch die Sitte, sich an der Hochschule in Ehebande schlagen zu lassen. Schmeizel[109]) in seinem Rechtschaffener Academicus (1738) rechnet es unter die „unglücklichen Zufälle" eines Studenten, wenn er „so weit sich verleiten läßt, daß er die Thorheit begeht, sich mit dieser oder jener Gretha verkuppeln oder gar sich am Halse trauen zu lassen", mithin „sein völliges Glücke in der Welt, gleichsam mit Füßen von sich stößet"[110]). Heun[111]) warnt (1794) in seinen „Vertrauten Briefen" einer „bestimmten" Geliebten sein Herz auf ewig zu schenken. „Die traurigen Folgen einer solchen Unbesonnenheit äußern sich bis in das späteste Alter." Heydenreich[112]) (1804) nennt das Eheversprechen eines Studenten „leichtsinnig", „höchst ungerecht", „höchst lächerlich" und meint, wenn man dem Studenten in dieser Beziehung etwas gestatten wolle, „so wäre es dieß, daß er ein solches mit Recht achtungswürdiges Frauenzimmer sich im Stillen für die Zeit, wo er eheliche Verbindungen eingehen kann und will, gleichsam anmerkte". Ein Gedanke, der auch in der Schrift: „Über Studenten- und Candidaten-Liebschaften", Altenburg 1802, ausgesprochen ist.

1833 meint ein Wiener Autor, Ebersberg[113]), daß „selbst in dem seltenen Falle, daß unerfahrene Jünglinge mit ihrer ersten Neigung an ein reines und edleres Wesen sich ketten, für ihre

---

107) G. E. Reinwalds Academien- Und Studenten-Spiegel, In Welchem Das heutige Leben auf Universitäten gezeiget, geprüfet und beklaget wird. Berlin 1720. 176.

108) Gottsched, J. C., Die vernünftigen Tadlerinnen. Leipzig u. Hamburg 1726. 80 ff.

109) M. Schmeizels Rechtschaffener Academicus, oder Gründliche Anleitung, Wie ein Akademischer Student Seine Studien und Leben gehörig einzurichten habe. Halle 1738. 640.

110) Hieher gehört auch eine in meinem Besitze befindliche Flugschrift aus dem 18. Jahrhundert in zusammenlegbarer Briefform mit entsprechenden Bildern. Die Adresse lautet: „An Diese abzugeben die so auff hohen Schulen leben a Freyheit-Statt, die kein Gesetz und Ordnung hat." Zum Schlusse des in Versen abgefaßten Briefes heißt es: „Ja was das ärgste ist, so kommt offt eine Fliegen / die fordert selbst den Sohn da gilt es Kunst und Rath / da sieht der Vatter dann, mit gram im Kuffer liegen / was sein verlohrner Sohn zum pfandt versetzet hat / dann ist der kürtzte Schluß, zahl oder hab am Halsse / ein Kreutz das dir sehr offt die größte wollust war / und schmecke mit Geduld des Ehstands bittre Salse / so ziert der Docters huth vielleicht die grauen har."

111) Heun, Carl, Vertraute Briefe an alle edelgesinnte Jünglinge die auf Universitäten gehen wollen. 2. Aufl. Leipzig 1794. (1. Aufl. 1792.) 84.

112) Heydenreich, F. E. A., Über die zweckmäßige Anwendung der Universitätsjahre. Leipzig 1804. 298 f.

113) Ebersberg, J. S., Der Studierende auf gutem Weg zum Ziel. Wien 1833. 88.

Laufbahn kein Gewinn erwachse". Wolff[114]) (1842) vergleicht „eine Studentenbraut einem Wechsel, der am jüngsten Tage erst zur Verfallszeit kommt und selbst dann noch protestiert werden kann". Außer diesen in sogenannten paränetischen Werken angeführten Argumenten gegen die Studentenehe gibt es noch eine Reihe von Schriften, die sich geradezu nur mit der Frage der Studentenehe befassen. Die meisten Autoren sprechen sich ebenfalls gegen die Frühehe der Studenten aus. So erschien schon 1702 eine Dissertation von Johann Nagel, worin dieser die Frage stellt, „utrum studiosus theologiae quamdiu in academiis aut alibi vivit, neque publico admotus et officio matrimonium utiliter contrahere possit seu" Ob ein Studiosus Theologiae mit Nutzen heyraten könne. Das Büchlein scheint weite Verbreitung gefunden zu haben, da es 1711 und 1729 im Neudruck erschien. 1709 veröffentlichte C. F. Paulini[115]) eine ähnliche Schrift. Er meint zwar darin, daß es für den Studenten besser sei zu heiraten, als zu brennen, verfehlt aber nicht, darauf hinzuweisen, daß die Studenten dadurch vom Studieren abgezogen werden können, „in dem sie ihren Gedancken auf die Hauß-Sorgen kehren müssen". 1801 veröffentlichte ein ungenannt sein wollender Verfasser[116]) einen Aufsatz: „Über die Liebschaften und Eheversprechungen der Studenten und Kandidaten" der sich ebenso gegen die Liebschaften und frühen Eheversprechungen der Studenten und insbesondere der Theologen wendet, wie dies im Jahre 1832 ein ungenannt sein wollender Pastor — —n in seinen Ausführungen über „Das frühe Eheversprechen; oder: warum es zu widerraten sei, daß Studirende sich in ein Eheversprechen einlassen" tut[117]).

Der „Heiratstrieb" der Studenten scheint also im Mittelalter kein geringer gewesen zu sein. Daß man demselben manchenorts, z. B. in Jena, weniger streng entgegentrat, bezeugt uns eine Rede Wolfgang Heider's, der von 1587—1626 Professor in Jena war. In derselben führt er unter anderen Vorteilen einer Universitätsstadt auch den an, wie prächtig doch die Eltern ihre Töchter an den Mann bringen könnten, „wie denn seit der Errichtung der hiesigen Akademie fast keine Provinz in Deutschland sei, wohin nicht Jenenserinnen entweder mitgenommen oder abgeholt und verheiratet worden". Auch in Tübingen gab es trotz aller Verbote, wie uns Mohl[118]) berichtet, verheiratete Studenten. Dort kam es gar nicht selten vor, daß das Weib des Studenten sogar eine kurze Karzerstrafe mit ihm teilte. Im Tübinger Senatsbeschluß vom 15. Nov. 1556 wird uns von einem Thalheimer erzählt, der im Karzer gewesen, aber auf Fürbitten seiner Frau wieder freigelassen

[114]) Naturgeschichte des deutschen Studenten. Von Plinius dem Jüngsten (O. L. B. Wolff). 3. vermehrte und verbesserte Aufl. Leipzig 1850. (1. Aufl. 1842). 29.

[115]) Paullini, C. F., Ob ein Studiosus Theol., der auff Universitäten, oder sonst wo, außer Dienst lebt, auch wohl heyraten dörffe? in dessen: Philosoph. Lust-Stunden. Frankfurt 1709. 434 f.

[116]) In: Sächs. Provinzialblätter. Bd. IX. 1801. 158 ff.

[117]) In: Neue Schleswig-Holst.-Lauenburg. Prov.-Berichte. XXI. Jgg. 1832. 579 ff.

[118]) R. v. Mohl, Geschichtliche Nachweisungen über die Sitten und das Betragen der Tübinger Studierenden während des 16. Jahrhunderts. Tübingen 1840.

wird. Weiters vernehmen wir, daß Joh. Küpferlin d. J. 4 Wochen Karzer bekommt, weil er sein Weib geschlagen, ein schlechtes Leben geführt und keine Vorlesungen besucht habe. Ein anderer Student, der sich ähnliches zu Schulden kommen ließ, wird in Anbetracht seiner braven Frau und Kinder nicht härter gestraft, als mit einer Ermahnung zur Besserung. Ein Student, der ein Mädchen ins Unglück gebracht, wird veranlaßt, es zu heiraten. Er tut es, und nun werden ihm 30 fl. Geld und 14 Tage Karzer und seiner Frau 20 fl. und 4wöchentlicher Hausarrest als Strafe angesetzt. Keine schlechte Heiratspolitik!

So mag wohl schon gegen Ende des 16. Jahrhunderts der Spruch entstanden sein:

„Von Jen und Leipzig ohne Weib
Von Wittenberg mit gsundem Leib,
Von Helmstatt ungeschlagen
Weiß wol von Glück zu sagen."

Denn auch in Leipzig waren manche Musensöhne so „galant", daß sie mit einer „Frau Studentin" nach Hause zurückkehrten[119]).

Auch in Göttingen befanden sich fast ständig verheiratete Studenten: Ausländer, die mit ihren Frauen reisten und hier einige Zeit studierten, oder Deutsche, anderwärts als Anwälte, Chirurgen, Apotheker u. dgl. beschäftigt, um hier zu promovieren oder noch einige Vorlesungen zu hören. Eine Ehe schließen durfte jedoch auch in Göttingen kein Student. Er verlor dadurch das bisherige „forum", weil man, wie Meiners[120]) sagt, mit Recht annehmen konnte, daß derjenige, der sich in der Universitätsstadt verheiratet, nicht mehr weiter studieren wolle.

Kaum verderblich genug kann man sich die Wirkungen des dreißigjährigen Krieges auf Wohlstand und Bildung, vor allem aber auf die Sittlichkeit des deutschen Volkes vorstellen. Während Dutzende von ganzen Dörfern und Städten unter den entsetzlichen Schlägen dieser Kriegsfurie von deutscher Erde verschwanden, trat zugleich unter Hoch und Niedrig eine moralische Verwilderung, eine Erschlaffung des Nationalbewußtseins und eine Zersetzung der sozialen Verhältnisse ein, zu deren Schilderung sich schwer die rechten Farben finden lassen. Ganz besonders war es auch das Leben an den Universitäten, das von dem schlimmsten Einflusse des durch ein volles Menschenalter währenden furchtbaren Glaubenskrieges betroffen wurde. Nach den unglückseligen Friedensschlüssen zu Münster und Osnabrück sehen wir die Universitäten zu Stätten landsknechtlicher Zucht- und Ruchlosigkeiten herabgesunken, von wissenschaftlichem Streben und geistigem Interesse war keine Spur mehr vorhanden, dagegen erreichten Rohheit und Liederlichkeit, Schamlosigkeit und Renommisterei einen Höhepunkt, den man kaum für möglich halten würde, wäre das greuliche Unwesen nicht durch zahlreiche unanfechtbare Zeugnisse beglaubigt. Ich nenne nur den Erfurter Professor Mey-

119) R. u. R. Keil, Die deutschen Stammbücher des 16.—19. Jahrhunderts. Berlin 1893. 146 Anm.
120) Meiners, Verfassung und Verwaltung. 219.

fart[121]), seinen Lehrer, den Jenaer Professor Heider[122]) und Christian Thomasius[123]), der in Leipzig und Halle dozierte. Meyfart meint selbst, die deutsche Zunge sei „viel zu arm, die damaligen akademischen Harpyen nach Würden zu beschreiben". Immerhin sind die Expectorationen der Entrüstung Heiders recht anschaulich, wenn auch nicht immer salonfähig. Er klagt: Der Student „gedenket nicht an Weißheit / nicht an Geschicklichkeit / nicht an ehrliche Studien in dem menschlichen Leben / nicht an die Wolfahrt der Kirchen / der Policey; sondern durchaus / durchaus trachtet er nach Schalckspossen / Müssiggang / Faulheit / Zechen / Üppigkeit / Trunkenheit / Büberey / Hurerey / Balgen / Verwunden / Morden". „Wenn du die Schlafkammer auffmachest / vnd heimlich vmbherlawrest / wirstu bissweilen antreffen / daß eine hübsche Nymphe ihre Pantoffel darinnen gelassen / der Gesell aber aus Unachtsamkeit nicht beyseits gestoßen" usw.

Nicht viel anders spricht Thomasius „vom elenden Zustand der Studenten": „Ein wollüstiger Studente schläffet des Morgens gerne lange, und verdirbet die beste Zeit, die er zu seinem Studiren anwenden solte, mit Faullentzen, oder doch zum wenigsten liederlichen und unzüchtigen Gedancken; Seine Verrichtung des Tages über ist entweder Spielen, oder Fressen und Sauffen, oder Huren . . . und da gehet er nun, und bringet bald der Jungfer, bald der Magd, bald einer noch gemeinern liederlichen Vettel Ständgen . . . und wenn er verliebet ist, verschweret er sich, und sucht alle Beredungen hervor, ein Weibs-Volk aufzuhetzen; sobald er aber seinen Zweck erreichet, ist er nicht alleine unbeständig, sondern auch indiscret, wie er denn auch nicht eiffersüchtig ist, sondern ein Vergnügen daran hat, wenn er einen anderen seiner eingebildeten Lust kan theilhaftig machen."

Zwei Erscheinungen waren es hauptsächlich, die bei Beginn des 17. Jahrhunderts in der deutschen Studentenschaft zutage traten, dieselbe mehr und mehr beherrschten und allmählich zu gänzlicher Verwilderung trieben: der Nationalismus und der damit im engsten Zusammenhange stehende Pennalismus. Als die zwangsweise Vereinigung der Studenten in den Bursen zu Anfang des 16. Jahrhunderts aufhörte, fanden sich dieselben, dem deutschen gesellschaftlichen Drange folgend, in freiwilligen Verbindungen, den „neuen Nationen" zusammen[124]). Der Pennalismus erwuchs aus einer amtlich durch die Universitätsbehörden gebilligten Einrichtung, der sogenannten Deposition. Das Deponieren, ursprünglich einfach und ernst, artete später zu einer ungeheuren Unsitte aus.

---

[121]) Christliche Erinnerung Von der Aus den Evangelischen Hochen Schulen in Teutschlandt an manchem ort entwichenen ordnungen und Erbaren Sitten, und bey diesen Elenden Zeiten einschlichenen Barbareyen vor etzlichen Jahren aufgesetzt durch Joh. Matth. Meyfartum. Schleissingen 1636.

[122]) Heider, Wolfgang, Oration zum Angang seines Rectorats darinnen die Sew Studenten artlich beschrieben 1607; aus dem Latein in die deutsche Zunge versetzt durch Joh. Matth. Meyfart in des letzteren: Christl. Erinnerung. 213 ff.

[123]) Christian Thomasens Kleine Teutsche Schriften. 3. Ed. Halle 1721. 518 ff. „Vom elenden Zustand der Studenten" (1693).

[124]) Pernwerth von Bärnstein, a. a. O. 17 f.

Es bestand darin, daß mit den neuen Studenten mehrere Zeremonien vorgenommen wurden, durch die sie in das akademische Leben eingeweiht wurden. So zog man ihnen z. B. ein eigenes, dazu verfertigtes Kleid an, setzte ihnen eine Kappe mit großen Hörnern auf oder suchte sie von ihren Schulsitten durch Schlagen, Stoßen, Saufen usw. zu reinigen. Und diese Sitte wurde nicht etwa heimlich ausgeübt, nein, sie war öffentlich autorisiert. Es wurde ein eigener Depositor gehalten, der aus der Zahl der älteren Studenten gewählt wurde. Er mußte sich durch Raufen und Duellieren ausgezeichnet haben. Das Ende, oft der Hauptzweck des Deponierens war ein Schmaus, den natürlich der neu kreierte Student bezahlen mußte. Daran schlossen sich Orgien und Gelage in den Bordellen, deren Kosten ebenfalls der „Pennal" zu tragen hatte [125]).

So begeht man gewiß keinen Irrtum, wenn man das 17. Jahrhundert als die Zeit des tiefsten Tiefstandes studentischer Sittlichkeit überhaupt betrachtet. Mit besonderer Vorliebe hat man deshalb auch zu jeder Zeit gerade aus diesem Jahrhundert Schilderungen studentischen Lebens herausgegriffen und die überscharfe Kritik zeitgenössischer Autoren auf sich, den Leser und Hörer wirken lassen. Ein solches Verfahren fördert aber unsere kulturgeschichtliche Erkenntnis nicht, ja es führt sie am Ende irre und verwirrt sie, wenn nicht zugleich auch die tieferen treibenden Kräfte aufgedeckt werden. Darum ist, wie Tholuck [126]) sehr richtig bemerkt, daran zu erinnern, daß ein großer Teil der Studentenroheit der Roheit der damaligen Zeit angehört, daß insbesondere bei dem Mangel an den feineren Freuden der Geselligkeit der Student darauf angewiesen war, sich an die derberen Genüsse der Sinnlichkeit zu halten. Auch wurden gewiß die Sittengesetze, wie R. und R. Keil [127]) bezüglich Jenas sagten, an anderen Universitäten schon aus Rücksicht auf ihre Frequenz, welcher nicht Eintrag geschehen sollte, ebenfalls etwas lax gehandhabt, und nicht weniger schädlich waren die angewandten Strafmittel. Man belegte viele Vergehen der Studenten mit Geldstrafen, welche mindestens eine nachdrückliche Gefängnisstrafe, wenn nicht Verweisung von der Universität verdient hätten. Dazu kam noch [128]), daß sich der Student den Bürgern der Universitätsstädte gegenüber als Herr der Lage fühlte, da ja diese in kleinen Städten geradezu von den Studenten lebten. Die Philister duldeten nicht bloß den Übermut, sie begünstigten sogar die Zuchtlosigkeit und hielten sich schadlos, indem sie den Burschen nach Möglichkeit schröpften. In „Verruf" mochte kein Hauswirt kommen. Und die Professoren? Sie mußten als Hauswirte, die Studenten in Pension hatten, gar oft beide Augen zudrücken. Sodann rechneten aber die Professoren auch seit der zweiten Hälfte des 17. Jahrhunderts auf Kollegiengelder, um deretwillen sie sehr nachsichtig waren. Auf diese Weise nahm die Zuchtlosigkeit der Studenten immer mehr überhand, und es konnte

---

[125]) Vgl. Ennen, E., Zur Sittengeschichte der Kölner Universität. In: Ztschr. f. deutsche Kulturgeschichte. Hannover 1873. N. F. Bd. II. 756 ff.

[126]) a. a. O. Bd. I. 257.

[127]) a. a. O. 50. Vgl. Stein, Akad. Gerichtsbarkeit. 111 f.

[128]) Horn, E., „Akademische Freiheit". Berlin 1905. 7.

daher von einem freundschaftlichen Verhältnisse, durch welches den Studenten der Zutritt zum Familienleben der Bürger geöffnet worden wäre, keine Rede sein. Man dachte damals auch nicht an das Bedürfnis eines gemischten gesellschaftlichen Verkehrs, noch viel weniger wurde dessen Mangel beklagt. So ist es denn kein Wunder, wenn selbst Bürgermädchen, sogar solche aus Professorenkreisen, in das Lotterleben mit hineingerissen wurden. So beklagt es Krause[129]) 1696, „daß auch vornehme Professoren, die mit ihrer Doktrin und Leben Anderen ein gutes Exempel geben sollten, deren Töchter täglich bei den Studenten auf den Stuben wären und von ihnen beschenkt würden“ [130]). Ja selbst die Frauen der Universitätslehrer nehmen es mit ihrem guten Rufe nicht genau. Tholuck (I. 145 f.) führt einige krasse Fälle an, und noch aus dem Jahre 1769 stammt die Jenaer Stammbucheintragung: Regula: Communia sunt, die sich reimen auf in: als Aufwärterin, Wäscherin, excipe die Frau Doctorin und Professorin; observatio: Doch lassen sich auch diese nach obiger Regel gebrauchen. Und ein Stammbuchvers aus demselben Jahre besagt:

„Wenn alles knacken sollte, wenn man in Jena Ehe bricht,
Hörte man vor lauter Geprassel seine eigenen Worte nicht!“ (Jena 1769.)

Wo eben, so lesen wir bei R. u. R. Keil[131]), das Verhältnis der jenaischen Studenten jener Zeit zu dem andern Geschlecht nicht in förmliche Unzucht ausartete, da war es doch in der Regel immer noch leichtfertig genug. Wenn man dem Jenenser auch nicht die den Wittenberger Studenten jenes Zeitraumes zugedachte harte Anschuldigung machen kann, daß sie aus Lüsternheit nur den starken Viehmägden aufgewartet hätten, so ist doch so viel gewiß, daß die Studenten Jenas die Bürger- und Professorentöchter nicht allzu platonisch liebten und auch die Dörfer in der Nähe der Stadt nicht allein des Zechens halber, sondern oft in der freundlichen Absicht besuchten, mit den schönen „Bauernjungfern“, bei denen die „Staudenten“, wie man sie nannte, in hohem Ansehen standen, ihr Spiel zu treiben. Gewiß ließe sich von den Jenenser Studenten dasselbe sagen, was J. G. Schoch in seiner „Comoedia vom Studentenleben“ (1657) zunächst mit Rücksicht auf das Leipziger Leben anführt: „Ihr wißt ja der Studenten Lieben wohl; heute diese, morgen eine andere. — Das ist eben die beste Kunst, damit man die Jungfern am meisten berückt; so lange wir ihrer genießen können, so lange lieben wir sie; haben wir, was wir von ihnen begehrt, erlanget, so lacht man es ins Fäustchen, daß sie so meisterlich angegangen.“

Zur Illustrierung der damaligen sexuellen „Gepflogenheiten“ der Studenten mögen hier einige Fälle angeführt werden. So lesen wir bei Mohl: 1613 gesteht ein Präceptor, „daß er etlichemal in

---

129) Nach Tholuck, a. a. O. I. 272.

130) So erzählt auch Laukhardt (Leben und Schicksale) an einer Stelle: „Des Gießner Universitätskanzlers Koch Hannchen habe ich damals in Jena zwar nicht gesehen, wol aber viel von ihr gehört; sie fing um diese Zeit schon an, gemeinnützig zu werden.“

131) Keil, a. a. O. 327.

der Greppenbachin Kammer gewesen so Tages so Nachts, daß sie auch in seine Stube gekommen; er wolle sich bedenken, aus was Ursache es geschehen, er könne es jetzt nicht wissen, sie habe es auch bei seinen Vorfahren getan. Gesteht, daß sie ihn geküßt; Studiosi wollten auch ihre oblectamenta haben". Des weiteren 1616: „Frau Anagryphius beklagt sich, der Rektor habe gesagt, Georg Blech habe im Hemde mit ihr getanzt. Rektor negiert: er habe nur gesagt, Blech sei im Hemde umhergelaufen und ihre Tochter dabei gewesen." „Viele junge Leute zechen dort bis 1, 2 Uhr, tanzen und springen. Studenten gestehen, daß sie betrunken in eine Kammer geschafft wurden, in der die Töchter und die Magd gelegen. Einer gibt an, die Frau habe von ihrer Magd verlangt, daß sie einen Hofmeister aus dem Kollegium bei sich schlafen lasse und dafür 7 Dukaten geboten." 1617: „Einige Studenten machen einer Magd den Antrag, den folgenden Tag zu ihnen zu kommen und geben ihr Wamms und Hosen mit, um am folgenden Tage unerkannt zu bleiben." Der Sohn des Frankfurter Professor Cornerus wird 1594 hingerichtet, weil er ein Hurenkind gezeugt und mit demselben, einem zehnjährigen Mädchen, nachher Unzucht getrieben. (Tholuck, I. 272.) — Amstorp aus Rostock klagt, daß man die Studenten nicht zu Lehrern von Mägdlein brauchen könne, weil sie dieselben verführten. (Tholuck ebenda.) Die Berichte der Universität Dillingen lauten nicht besser. Auch hier mangelt es nicht an Verfehlungen und Sittlichkeitsdelikten der Studenten. Dazu gehörten: vertrauter Umgang mit verrufenen weiblichen Personen (1695), ein Attentat mehrerer Logiker auf ein junges Mädchen (1662), der Besuch verdächtiger Häuser oder Orte (1650, 1674, 1695) und Schwängerung von Bürgermädchen (1674, 1688)[132]. In Jena bekennt 1644 Slevogt, „es sei mehr als zu wahr, was man den Studenten von Unzucht nachsage". Er spricht von einer Person, von der er sagt, es sei horrendum, was diese für Händel treibe, daß einem die Haare zu Berge stünden. Sie soll an 300 Burschen verführt haben. 1689 wurde ferner aus Jena berichtet (Keil, 92): „Hurenhändel gingen mehr als zu viel vor und wäre höchst zu beklagen, daß es öffentlich geschähe, und es für keine Sünde und Schande mehr wolle gehalten werden; es wären Weibspersonen hier, so die Pursche ohne Scheu am hellen Tage zu sich zögen."

Doch blieb es nicht dabei allein. Um 1500 war ja die Syphilis mit verheerender Macht in Deutschland aufgetreten. Dieselbe schonte „keines Geschlechtes, keines Alters, keines Standes; Geistliche wie Weltliche, Vornehme wie Niedere wurden befallen"[133]. Ungeheuer groß war die Zahl der Erkrankungen, besonders in den Universitätsstädten, und der Student schied von der Universität „fast allzeit schattengelb, mager, halbäugig, hinkend, zahnlos, mit Narben und Hefften durch und durch zerpflüket". (Aus Prof. Heiders Rede 1626.) 1669 bekennt ein Bericht der Jenaer Universität: „Das Hurenleben hat bisher in etwas einreißen wollen, sollen auch etliche Studiosi unfläthige Krankheiten davongetragen haben. Es

132) Specht, a. a. O. 368.
133) Fuchs, a. a. O. 433.

mögen solche Dirnen sich in naheliegenden Örtern und Schenken aufhalten.“ Und 1696 berichtet Krause von den Jenaer Studenten, „daß so viele von den Studiosis, auch etliche Studentenjungen, an der Gonorrhoea, scabie maligna, auch wol an bubonibus bisher laboriret, so ohne Zweifel von den Huren, desgleichen zu Zwethen, Löbstedt, Lichtenhahn (Dörfer um Jena) aufhielten“ [134]). Wenig helfen die ernsten Worte der Geistlichkeit, die den Kreuzzug gegen diese Hölle auf Erden, gegen diesen Sündenpfuhl predigten, nichts die Belehrungen der Ärzte. „Der andere Todenträger heist Unzucht und Geilheit“, so ruft 1701 Heinrich Caspar Abel [135]) in seinem „Leib-Medicus“ den Studenten zu, „die ist ja ein Feuer in den Beinen. Wie das Feuer am Stroh und Holz / so frist die geile Lust am Coerper / biß sie ihn gantz verzehret.“ „Man soll der Wollust und Geilheit nicht nach dem Angesicht sondern nach den Füßen sehen / so wird sich finden / daß sie / wie die Gespenste / einen Tollfuß nachschleppe / und einen unglückseligen Ausgang trage / ihre Stirne ist Jungfraeulich / das Gesäß gleich einem Otter-Schwantz / wer ihre endliche Wirckung betrachtet / der trifft das bewertheste Mittel wider dise Seuche.“ Noch 1778 heißt es im „Briefwechsel dreyer akademischer Freunde“, S. 178: Ich weiß, daß einmal in Göttingen fast ein Drittel der Studenten angesteckt war.“ Und Schnabel [136]) erzählt von Leipzig, daß man dort „sinnlich angezogen, methodisch verführt und — wenigstens sehr oft — so angeführt wurde, daß eine methodische Kur [gegen Syphilis], sei es nach Dzondi oder Zittelmann, nötig wurde.“

Was Burckhardt [137]) über die damalige Zeit im allgemeinen anführt: „Vor der gewöhnlichen Hurerei scheute sich bekanntlich das Mittelalter überhaupt nicht, bis die Syphilis kam“, trifft leider auf die damalige Studentenschaft nicht zu. Auch die Syphilis konnte ihr keine Scheu einflößen, und so paßte auf sie das damals aufgekommene Sprichwort, wie Lehmann in seinem „Florilegium politicum“ (1630) darlegt, besser: „Wer einen Fuß im Frauenhaus hat, der hat den andern im Spital.“ Besonders arg scheint es diesbezüglich in Wittenberg gewesen zu sein. Damals entstand der Spruch [138]):

„Wer kommt von Tübingen ohn ein Weib,
Von Wittenberg mit gesundem Leib,
Von Rostock ungeschlagen,
Der mög von Glück wol sagen.“

Die zweite Verszeile wurde selbstverständlich im Laufe der Zeiten in betreff der verschiedenen Universitätsstädte unzählige Male verändert, scheint jedoch bezüglich Wittenbergs zum ersten

---

134) Keil, a. a. O. 92 f.

135) D. Henrici Casparis Abelii Wohlerfahrner Leib-Medicus der Studenten . . . Leipzig 1701. Cap. III. Von der Hurerey und Geilheit. 16 f. und Cap. IV. Von Frantzosen. 82 f.

136) a. a. O. 79.

137) Burckhardt, J., „Die Kultur der Renaissance in Italien“ 5. Aufl. Leipzig 1896. Bd. II. 183.

138) Zum ersten Male in dem Liederbuch: „Musicalischer Studentenmuht“: durch Erasmus Widmannum Halensem, Nürnberg 1622. Vgl. Hoffmann von Fallersleben, a. a. O. No. 302.

Mal entstanden zu sein. Ich schließe dies aus einer Schrift, die mir vorliegt, und in der gegen oben zitierten Vers Protest erhoben wird. Die Schrift führt den Titel: Praesidia sanitatis quibus Vitemberga abundat contra tritum sermone proverbium: „Wer von Wittenberg kommt mit gesundem Leib", munus professoris pathologiae clementissime sibi demandatum auspicaturus defendit Christianus Godofr. Stentzel[139]).

Von Wittenberg ging auch ein anderer vielsagender Spruch von Mund zu Mund:

„Geht man zu Wittenberg durchs Thor,
Begegnet einem ein Schwein, Student oder Hur" [140]).

Um das Jahr 1704 wurde auf das damalige Studentenleben sogar eine Münze geschlagen, auf welcher das Charakteristische desselben folgendermaßen dargestellt ist: Drei Studenten, der Leipziger in der Mitte mit entflammtem Herzen in der Hand, der Wittenberger zur Rechten mit siecher Miene und dem Bierglas, doch das Buch unter dem Arme, und der Jenenser mit entblößtem Degen und einer großen Schmarre auf der rechten Wange. Die Überschrift lautete: „Trahit sua quemque voluptas" [141]). In ähnlicher Weise suchte man auch im 18. Jahrhundert Abweichungen im Studentenleben der einzelnen Universitäten in ganz bestimmten Merkversen und Formeln auszudrücken. So hieß es z. B.:

„In Leipzig sucht der Bursch die Mädgen zu betrügen,
In Halle mückert er und seufzet ach! und weh!
In Jena will er stets vor blanker Klinge liegen.
Der Wittenberger bringt ein à bonne Amitié!

Möge auch bei diesen Versuchen, den Charakter einer Hochschule hinsichtlich ihrer Studentenschaft auf eine einzige kurze Formel zu bringen, vieles Unrichtige mit unterlaufen sein, denn wie wir später nach Laukhards Berichten lesen werden, blieben sich die Studenten auf allen Universitäten gleich, bezüglich Jena und Leipzig erscheinen die Urteile aus der damaligen Zeit am meisten feststehend. Doch davon später.

Düster ist das Bild, das sich dem Forscherauge in der Kulturgeschichte des deutschen Studenten in der Zeit nach dem dreißigjährigen Kriege darbietet. Doch muß nochmals betont werden, daß das Studentenleben dasselbe unsittliche Gepräge an sich trug, das auch sonst im Volke bei Hoch und Niedrig üblich war. Die geistige Atmosphäre, in welcher die akademische Jugend bis zu ihrem Abgange zur Hochschule, sodann auf der Universität selbst atmete, war keine andere als die ihrer Eltern und ihrer sonstigen Umgebung. Kaum waren die Leiden der schweren Kriegszeit aus dem Gedächtnis des Volkes entschwunden, als eine gewisse genußfrohe Stimmung in allen Gesellschaftskreisen Platz griff. Dazu kamen noch die unmittelbaren traurigen Folgen des Einflusses, der vom Hofe Lud-

139) Stentzel war Professor der Chirurgie und Pathologie in Wittenberg. Die Schrift stammt aus dem Jahre 1737 (nach Erman und Horn, Bibliographie der deutschen Universitäten. II. No. 19363).

140) „Antiquarius des Elbstroms." Frankfurt a. M. 1741. 422.

141) Grohmann, J. Ch. A., Annalen der Universität zu Wittenberg. Meißen 1802. III. Tl. 253.

wig XIV. und seiner verderbten Nachfolger ausging. Bald beherrschte französisches Wesen und nicht zum wenigsten französische Genußsucht und Ausschweifung die deutschen Lande. Was nicht ausländisch, à la mode, war, galt für unfein, pedantisch, altfränkisch. Wohl blieb der französische Einfluß nicht unwidersprochen, — über tausend Flugschriften wurden damals über die Französisierung in Deutschland verbreitet —, doch das Gift der Sittenlosigkeit war nur zu schnell von Fürsten und Adel ausgehend in das Blut des deutschen Volkes gedrungen. Daß da die Studentenschaft nicht davon verschont bleiben konnte, ist klar. Auch sie ward von der Sucht der Nachahmung von französischer Tracht, Sitte und „Galanterie“ ergriffen. Moscherosch[142]) hatte vergebens gegen die Nachäffung der ausländischen Mode geeifert, bis zur Mitte des 18. Jahrhunderts herrschte die „Gallomanie“. Ganz besonders die französische „Galanterie“ hatte es den Studenten angetan. Daher fanden sie auch Wohlgefallen an schlüpfriger, verführerischer Literatur. Es waren dies schwülstige akademische Romane; „in denen von Studium meist sehr wenig, desto mehr von den galanten Stunden die Rede ist, die die jungen Amanten in den Armen ihrer Sirenen mit allerhand zärtlichen Handgreiflichkeiten verbringen. Die Herrinnen und ihre Mägde buhlen wetteifernd um die Liebesgunst des Jünglings. Früher hieß er Cornelius, Susio, Sorgius und seine Geliebte Trullulallula, jetzt klingen die Namen feiner, Floretto und Cleophis, Rosander und Bellandra, Infortunio und Dorinde“[143]). Aus diesen Romanen lernen die Studenten, wie man elegant konversieren könne.

Zu welch sonderbaren Lächerlichkeiten und Übertreibungen es dabei kam, erzählt uns Thomasius (1687) in seiner an die Leipziger Studenten gehaltenen Rede „Von Nachahmung der Frantzosen“[144]): „Bald, wenn man studiren oder was nöthigers thun soll, verliebt man sich sterblich, und zwar zum öfftern in ein gut einfältig Buttes-Mägdgen, aus deren Augen man gleich sehen kan, daß eine Seele ohne Geist den Leib bewohne. Was gehen nun da für galanterien vor? Wie zutrampelt man sich vor dem Fenster, ob man die Ehre haben könne, die Jungfer, oder doch an deren statt die Magd oder die Katze zu grüßen? Wie viel verliebte Briefe, die man aus zehen Romans zusammen gesuchet hat, und die mit vielen flammenden und mit Pfeilen durchschossenen Hertzen bemahlet sind, werden da abgeschicket, gleich als ob man des guten Kindes affection damit bombardieren wolte? Wie läßt man sichs sauer werden, eine galante Nacht-Musik zu bringen? Wie spielet man mit denen verliebten Minen überall auch wohl in dem Gottes-Hause?“ Mit dieser Darstellung hat uns Thomasius ein getreues Abbild des Liebes-

---

[142]) Grunderliche und wahrhaftige Geschichte Philanders von Sittenwald, d. i. Strafschriften Hans Michael Moscherosch: Straßburg 1650. Neu hrsg. v. Felix Bobertag. Berlin o. J. 111 ff.

[143]) Borkowsky, E., Das alte Jena und seine Universität. Jena 1908. 98. Vgl. hierzu K. Konrad, Studentische Liebesgeschichten des 18. Jahrhunderts. In: Akad. Monatshefte. XXV. 1909. 6 ff.

[144]) Christian Thomas, Kleine deutsche Schriften. Hrsg. von J. O. Oppel. Festschrift zur Jubelfeier der Universität Halle-Wittenberg. Halle 1894. 117.

lebens des à la mode-Studenten entworfen, als dessen zeitgemäßer Nachfolger der Leipziger Stutzer, der „petit maître", gilt. Wie schon oben erwähnt, unterschied man um 1800 verschiedene Studententypen, je nach dem Charakter der Universitätsstadt. Der genius loci wirkte auf die Studenten bestimmend ein. So galt der Jenenser als der Typus des Raufbolden, des „Burschen von echtem Schrot und Korn", der Leipziger als „petit maître", als Schürzenjäger. In der Tat herrschte im 18. Jahrhundert in Leipzig unter der Studentenschaft ein stärkerer Zug zum Petitmaîtretum als etwa in Jena, Halle oder Wittenberg. Die Beweise dafür finden wir bei Goethe und vor allem in Zachariäs Renommisten. Goethe sagt darüber im sechsten Buche von „Dichtung und Wahrheit" in Erinnerung an seine Leipziger Studentenjahre: „In Jena und Halle war die Roheit aufs Höchste gestiegen; körperliche Stärke und Fechtergewandtheit, die wildeste Selbsthilfe war dort an der Tagesordnung . . . Dagegen konnte in Leipzig ein Student kaum anders als galant sein, sobald er mit reichen, wohl und genau gesitteten Einwohnern in einigem Bezug stehen wollte" [145]).

Die Handlung in Zachariäs Renommisten ist kurz folgende: Ein aus Jena relegierter Student geht nach Leipzig. Er begegnet hier drei alten Freunden und vollführt mit diesen eine Reihe von Streichen, die die ganze Stadt in Aufregung versetzen. Alles vereinigt sich, ihn zu den feinen Leipziger Sitten zu bekehren; vorübergehend scheint die Liebe zu der schönen Selinde eine günstige Wirkung in diesem Sinne ausüben zu sollen, allein nach einem Zweikampf mit Selindens Liebhaber Sylvan verläßt er Leipzig roh und wild, wie er gekommen, und reitet mit seinen Genossen nach Halle [146]). Sylvan repräsentiert hier den Stutzer, „der nach Pomade und Parfum duftet", in punkto des Duells sehr friedfertigen Anschauungen huldigt und seine „Scharmante" umtänzelt. Diesem stellt Zachariä in bewußter Form den Renommisten gegenüber, der besonders in Jena, Halle und Wittenberg vertreten war. Ins Kolleg kam der Renommist selten oder nie, aber auf der Schenke

Bei Bier, Tabak und Branntewein
Da wollte er stets lustig sein.

Er wählte sich ein Mädchen aus niederem Stande zur „Scharmante", d. h. zur eingebildeten Geliebten, indem er nie mit ihr sprach, aber jeden mit dem Degen angriff, der ihr irgend nahen wollte. Indessen war er auch der materiellen Liebe nicht unzugänglich, denn er sang:

„Die Friquette
Und Brunette
Sind bei jedem Burschenschmaus" —

---

145) Goethe fand Gefallen daran. Vgl. den Brief des Studenten Horn an Wilhelm Karl Ludwig (1766): „Von unserm Goethe zu reden! — Wenn Du ihn nur sähst, Du würdest entweder vor Zorn rasend werden, oder vor Lachen bersten müssen . . . Er ist bei seinem Stolze auch ein Stutzer, und alle seine Kleider, so schön sie auch sind, von so einem närrischen Gout, der ihn auf der ganzen Akademie auszeichnet . . . Sein ganzes Dichten und Trachten ist nur seiner (!) gnädigen Fräulein und sich selbst zu gefallen . . . Er hat sich (bloß weil es die Fräulein gern sieht) solche porte-mains und Gebehrden angewöhnt, bei welchen man unmöglich sich das Lachen verbeißen kann. Einen Gang hat er angenommen, der ganz unerträglich ist. Wenn Du es nur sähest!" (Goethe in Leipzig von Otto Jahn. 2. Aufl. Leipzig 1909. 77 f.)

146) Zimmer, H., Zachariae und sein Renommist. Leipzig 1892. 47.

und sank zu dessen Schlusse

„Bezecht in Doris Arme."

Das Institut der „Scharmante" ist ein notwendiges Requisit des Burschen dieser Zeit[147]). In ihm spiegelt sich so recht das Liebesleben der damaligen Studenten. Man findet wenig Stammbuchblätter, die nicht das Signum v. m. M. (Vivat mein Mädchen) oder v. N. N. (Anfangsbuchstaben ihres Namens) trugen, ja ein Jenenser Blatt bildet sogar die Scharmanten unter den „Studentenmöbeln" ab, freilich unter den „gefährlichen". Doch unterschied man streng zwischen „wahrhaftigen" und „Spaßscharmanten". „Trampelscharmanten" sind solche, welche der Bursch par distance, durch Fensterpromenaden oder „Pflastertrampeln" verehrt.

Laukhard[148]) schreibt darüber folgendes: „In Jena hat jeder Bursch seine sogenannte Scharmante; das ist ein gemeines Mädchen, mit welcher er so lange umgeht, als er da ist, und das er dann, wenn er abzieht, einem andern überläßt." — —

Etwas idealer ist das Verhältnis zwischen der Scharmante und dem Studenten bei Zachariä geschildert:

Bei den Jenensern ist ein alt Gesetz in Ehren,
Das alle Burschen stets die junge Nachwelt lehren,
Das man mit Ehrfurcht sagt und unverbrüchlich hält,
So lang in Jena noch die Freiheit sich erhält.
Dies ist's: So oft man sich vor volle Gläser setzet,
Wählt sich der nasse Bursch ein Mädchen, das er schätzet.
Zu der Scharmante wird sie festlich deklariert.
Und den Amanten nie mit andrer Art entführt,
Als sich auf offnem Markt den Hals mit ihm zu brechen,
Und, wenn es Freunde sind, in Bier sie abzuzechen.
Man säuft sich von Verstand blos auf ihr Wohlergehen;
Man kennt die Schöne nicht, als daß man sie gesehen;
Doch ist's genug deshalb die Schnurbartei zu stürmen
Und sie mit Bier und Blut herkulisch zu beschirmen.
Die Renommisten sind's, die das Gesetz erhöht,
Durch deren Heldenstahl es immer noch besteht.

Näheres über dieses Gesetz lesen wir bei Fabricius[149]), der über eine seltene Schrift vom Jahre 1747 berichtet, die den Titel „Hospitium" führt, und in welcher der ungenannte Verfasser die zu jener Zeit bei Studentengelagen üblichen Rechte und Gewohnheiten launig darstellt. Bezüglich des Gesetzes über die Scharmanten heißt es dort: Nachdem sich die Landsleute im Zimmer eines der Ihrigen versammelt, bringt zu Beginn der Hospes „allerseits Wohlsein" aus, von den übrigen mit „fiducit" und einem Ganzen erwidert. Später folgen weiter „Gesundheiten": eines jeden Gastes „Wohlsein in specie", „allerseits Scharmanten", dann die „Scharmanten in specie, nämlich in loco, in patria (daheim), in loco tertio". Die Einheimischen (Qwarks genannt) trinken die Scharmanten statt in patria die Scharmanten extra patriam. Verheiratete Frauen oder Mädchen unzweifelhaften Rufes dürfen beim Hospiz nicht als Schar-

---

147) Fabricius, Die deutschen Corps. Berlin 1898. 109 ff.
148) Magister Laukhards Leben und Schicksale. 2 Bde. Stuttgart (Neuausgabe) 1908. I. 130.
149) Fabricius, a. a. O.

manten genannt werden; dagegen ist jeder verpflichtet, eine nach dem Brauch zulässige Scharmante anzugeben. Wenn sich über Qualität oder über die reale Existenz der Genannten Zweifel erhebeit, so muß der Anzweifler zwei Zeugen haben, die ihre Aussagen mit je einem Ganzen „beschwören". Hat aber der Betreffende ebenfalls zwei Zeugen, und schwört er überdies mit einem Ganzen das „suppletorium", so passiert die Dame, wenn nicht schon vorher der Hospes durch seine unanfechtbare Parteinahme die Frage entschieden hat.

Ehe der Hospes eine Scharmante „ausbringt", fragt er nämlich unter Nennung ihres Namens, ob jemand etwas dagegen einzuwenden habe. Außer einem Widerspruch der eben genannten Art kann es nun auch vorkommen, daß einer die betreffende Scharmante für sich reklamiert. Dieses gibt Anlaß zu einem „Prozeß", der in folgender Weise ausgemacht wird: A. „schwört" dem B. 1 bis 3 Ganze vor. B. „holt sich nach" und schwört dem A. wieder ebensoviel vor usw., bis einer sich besiegt erklärt. Das heißt man „einem seine Scharmante abschwören". Der unterliegende Teil kann sich dadurch rächen, daß er ihm sogar „pro affectione seiner Scharmanten" soviel vorschwört, bis er ihn zur Übergebung zwingt. Solche Prozesse wurden nicht nur um wahrhaftige, sondern auch um Spaßscharmanten geführt, ja es kam vor, daß zwei um ein Frauenzimmer stritten, mit dem noch keiner der Rivalen ein Wort gesprochen hatte. Aus diesem Brauche, sagt Fabricius, der doch offenbar nur scherzhaft gemeint und auf Steigerung der Trunklust berechnet war, haben manche Autoren Ernst machen wollen und behauptet, die Burschen des 18. Jahrhunderts hätten sich in Wahrheit ihre Geliebten „in Bier abgesoffen" und das Resultat des Wettstreites auch corporaliter in die Praxis übersetzt. Daß das ein Unsinn ist, meint Fabricius, liegt auf der Hand, abgesehen davon, daß das fragliche Mädchen doch auch eine Stimme hatte. Liest man, was Laukhard darüber berichtet, so wäre man geneigt, ebenfalls den Brauch als ernst aufzufassen.

Eine Hauptdomäne des Leipziger galanten Studenten war das Theater, ein Gebiet, das für unser Interesse an der Sittlichkeit der Studenten von Bedeutung ist. Das Theater befand sich damals auf keiner hohen Stufe, und das sittliche Verhalten des Schauspielerstandes war auch nicht danach angetan, die öffentliche Achtung zu gewinnen. Die ersten Versuche zur Hebung des Standes der „Komödianten" fallen gerade in die erste Hälfte des 18. Jahrhunderts. Sie gingen von Karoline Neuber aus, die damals mit ihrer Gesellschaft an verschiedenen Orten Deutschlands Gastspiele gab, um vom Jahre 1727 an durch zehn Jahre hindurch in Leipzig ihr Standquartier aufzuschlagen [150]). Mit der Truppe der Neuberin zeigte sich nun die sächsische, vor allem die Leipziger Studentenschaft eng verwachsen [151]). Doch war die Anziehungskraft, die das Theater ausübt, auch in anderen Universitätsstädten eine sehr starke. „Daß in jener Zeit der galanten Abenteuer und der allgemeinen ge-

[150]) Devrient, E., Geschichte der deutschen Schauspielkunst. Neuausgabe. Berlin 1905. Bd. II. 266.

[151]) Konrad, K., Die deutsche Studentenschaft in ihrem Verhältnis zu Bühne und Drama. Berlin 1912. 128.

schlechtlichen Ausschweifungen am Theater Zucht und Keuschheit nicht zu suchen war, ist sehr begreiflich. „Unter den verbuhlten Weibern waren die Schauspielerinnen nicht die letzten", sagt Devrient. Dies bestätigt uns auch Schnabel[152]), der uns von einer wandernden Schauspielertruppe erzählt, mit der zwei seiner Kommilitonen auf einer Fahrt von Jena nach Koburg zusammentrafen. „Keine Heldinnen, aber Holdinnen entdeckten sie unter dem lustigen freien Theatervölkchen, besonders schienen ihnen einige Choristinnen und Statistinnen." Auf die Frage: „Ob mit diesen Prinzessinnen[153]) etwas zu machen sei", wurde ihnen die Antwort, daß dies für Geld und gute Worte nicht schwer halten möchte, da jene Geschöpfe unmöglich von ihrem Monatlichen, d. h. von zwanzig Gulden Gage leben können, sie also auf einen Nebenerwerb dieser oder jener Art bedacht sein müßten. Diese Zustände muß man im Auge behalten, um den Widerspruch der Universitätsbehörden gegen das Theater und die Bekämpfung der schauspielerischen Neigungen der Studenten von seiten der Professoren zu verstehen[154]), kam es doch oft „wegen eines unter der Komödiantenbande befindlichen Weibesmenschens" zu Stänkereien und Zänkereien unter den Studenten, wobei die Eifersucht keine geringe Rolle spielte. Auch rissen die oft reichen Geschenke, die die Studenten den Jüngerinnen Thaliens machten, ein großes Loch in den Sack des galanten Stutzers.

Jedoch die Leipziger Studenten hielten es nicht allein mit den Schauspielerinnen. Sie „machten auch Küchenmädchen, Aufwärterinnen und Bürgerdirnen den Hof und führten sich sogar mit Menschern aus den Parduzlöchern, mit Etceteras (Prostituierten) auf den Straßen und Promenaden herum"[155]). Goethe konnte mit Recht das „verfluchte Leipzig" beschuldigen, junge Männer „so schnell wegbrennen zu lassen wie eine Pechfackel". „Die Sittenverderbnis war in punkto Veneris in Leipzig wirklich arg", sagt noch 1835 Schnabel[156]): „Öffentliche Häuser, hübsche Dienstmägde und lüsterne Frauen stürmten auf die Moralität des armen, zweifelnden, endlich zugreifenden und immer tiefer in das Verderben rennenden Bruder Studio vereint los — die Verführung war zu mächtig, der Widerstand selten von Erfolg." Den Abhub der Leipziger Studenten bildeten die sogenannten Cicisbeos[157]), Gesellen, „denen Zufall oder körperliche Vorzüge Zugang bei älteren oder jüngeren Damen geöffnet haben, welche Witwen oder mit den Fähigkeiten ihrer Ehekonsorten unzufrieden sind". „Schwanzdukaten"[158]) nannte man den Sündenlohn, den diese Cicisbeos für ihre Leistungen erhielten, auch „Schürzenstipendium", „eine Unterstützung, welche ihnen von einem verheyrateten oder unverheyrateten Frauenzimmer gereicht wird"[159]).

---

152) a. a. O. 231 f.

153) „Prinzessin": Ausdruck für „ein gefälliges Kind", eine „Theaterdirne", eine „Bühnenschnalle". (Vollmann, J., Burschikoses Wörterbuch. Ragaz 1846. 376.)

154) Näheres darüber bei Konrad, a. a. O. 114 ff. u. 186 ff.

155) Laukhard I. 205.

156) a. a. O. 427.

157) Der Leipziger Student vor hundert Jahren (1796). Neudruck. Leipzig 1897. 55.

158) Kluge, F., Deutsche Studentensprache. Straßburg 1895. 124.

159) Kindleben, Ch. W., Studentenlexikon. Halle 1781. 176.

Auch über das Sexualleben der Erlanger Studenten der damaligen Zeit sind wir gut unterrichtet. In den „Briefen über Erlangen“ (Frankfurt u. Leipzig 1792) finden wir viele Stellen, die für das Verhältnis der Studenten zum weiblichen Geschlechte bezeichnend sind. „Stipendien Schürzen“, sagt der anonyme Verfasser, S. 98, „sind zwar hier nicht zu holen, weil es hier wenig junge und reiche Weiber gibt, welche ihre Cicisbeos gegen baare Bezahlung unterhalten könnten, aber an Weibern, die um schnöden Gewinnstes oder um schnöder Wollust willen ihre eheliche Treue brechen, und an Männern, die ihren Kopfschmuck geduldig tragen, ist demohngeachtet kein Mangel.“ Die besseren Familien hüteten sich, die Studenten ihren Töchtern allzu nahe kommen zu lassen, oder wie sich Michaelis in Göttingen ausdrückte, „ihre Töchter zu Schleifsteinen gebrauchen zu lassen“, und man kann sich denken, daß gesellschaftlicher Anstand und gute Sitten bei den meisten Studenten vergeblich gesucht wurden, da ihnen der Verkehr mit der besseren Gesellschaft fast unmöglich gemacht war. Die meisten Liebschaften hatten die Erlanger Studenten mit Bürgerstöchtern niederen Standes, „hübsche Kinder, die warme Anhänglichkeit und Herzensgüte besitzen, für die es schade ist, daß sie mißleitet werden“. „Ich weiß Fälle,“ berichtet der Verfasser der oben erwähnten Briefe, „wo Mädchen ihren Liebhabern, wenn sie in Noth kamen, 100—200 Gulden vorstreckten, und durchaus keine Geschenke von ihnen annahmen.“

Prostituierte gab's in Erlangen in großer Menge, selbstredend die meisten geschlechtskrank, so daß oft 30—40 Studenten zugleich infiziert wurden, was von damaligen Ärzten bestätigt wird[160]). „Wer weiß,“ heißt es in den Briefen über Erlangen (S. 110), „ob es nicht besser wäre, wenn auf Academien Bordelle mit der nöthigen Vorsorge für Reinlichkeit und Gesundheit angelegt würden?“ „Denn von so vielen jungen Leuten“, heißt es dort weiter, „läßt sich zumal bei der jetzt herrschenden Immoralität nichts anderes erwarten, als daß sie ihren Naturtrieb auf jede mögliche Art zu befriedigen suchen; der eine verführt die Unschuld, und der andere saugt schleichendes Gift in der Umarmung einer öffentlichen Dirne ein. Das letztere wenigstens würde unterbleiben, wenn Gelegenheit da wäre, der Venus ohne Gefahr zu opfern“, eine Meinung, der auch Cella[161]) in seinen „Freymüthigen Aufsätzen“ beipflichtet und dies auch ausführlich begründet: „Ich weiß zuverlässig, und mehrere, die es beobachten wollen, werden es bezeugen können, daß auf den meisten Universitäten zu Anfang der halben Jahre, wenn neuangehende Studenten eintreffen, gemeiniglich ein Drittel der ganzen Schaar von Musensöhnen unter den Händen der Doktoren und Feldscheerer liegt, um sich von Galanterie-Krankheiten oft

[160]) Ebenso in Göttingen. Vgl. Karl v. Raumers Leben von ihm selbst erzählt. Stuttgart 1861. 24: „Am Spieltische lernte ich nebenbei das entsetzlich liederliche Leben dieser Menschen kennen, welche meist ekelhaft syphilitisch waren.“ (Raumer studierte von 1801—1803 in Göttingen.)

[161]) Cella, Joh. Jak., Von Errichtung öffentlicher Bordelle oder Hurenwirtschaften in großen Städten und auf Universitäten. In dessen: Freymüthige Aufsätze (Bd. 1). Anspach 1784. 37 ff.

schlecht genug heilen zu lassen; daß nicht nur ausgemacht liederliche ausschweifende Jünglinge dies Loos trifft, sondern daß manche schon die ersten Fehltritte von der Art ihre noch sehr seltenen Ausschweifungen so traurig büßen müssen. Sollte es mithin nicht besser seyn, wenn in solchen Städten Häuser unter obrigkeitlicher Aufsicht wären, wo Jünglinge, die aus Mangel an guten Grundsätzen — aus Unerfahrenheit in der Kunst, jedem unordentlichen Ausbruch der Leidenschaften vorzubeugen — die Stillung des Begattungs-Triebs nicht bis in den ehelichen Stand versparen könnten und wollten: es wenigstens auf die, für ihr eigenes und dem Staats-Wohl unschädlichste Art bewerkstelligen, und ihre Neigung, ohne Gefahr ihrer Gesundheit, ohne sich öffentlicher Schande bloß zu stellen, ohne in liederliche Bekanntschaften — die sie zu allen Geschäften untüchtig machen, oder gar ihr ganzes künftiges Glück durch voreilige, gezwungene oder freiwillige Verbindungen vernichten — zu gerathen, befriedigen könnten? — Da einmal die meisten Ehegattinnen darauf verzichten müssen, ihre Männer als unbefleckte Jünglinge das Ehebett besteigen zu sehen, so ist es — so fürchterlich es auch für manches Ohr, das an gewisse, an sich rühmliche Vorurtheile gewöhnt ist, lauten mag, — doch immer besser, wenn der junge Mann seine Ungeduld mit einer Bordell-Schwester verbuhlt, als wenn er bei irgend einer Gassen-Hure mit seiner Unschuld zugleich seine Gesundheit verlohren, oder um sein Bedürfnis mit mehrerer Sicherheit zu befriedigen, ein braves Mädchen verführt, ein ehrliches Weib ehrlos gemacht hat."

Auch für Halle stimmen nach Schrader[162]) leider alle Zeugnisse darin überein, daß die Unzucht unter der akademischen Jugend in betrübender Ausdehnung gewaltet und ihre verwüstende Wirkung auf Körper und Geist geübt habe (I. 595). Schon 1725 mußte der Magistrat auf wiederholte Beschwerde der Universität durch Erlaß vom 10. Mai angehalten werden, liederliche Dirnen in Halle nicht zu dulden (I. 252). Wie arg es um letztere bestellt war, lesen wir bei Laukhard (I. 200): „Es gibt zwar keine Bordelle öffentlich in Halle, aber es gibt doch Löcher, in denen der Auswurf des weiblichen Geschlechts dem tierischen Wollüstling mit ihren halbfaulen Fleischmassen für ein geringes Geld zu Gebote steht." Kein Wunder, daß, wie die „Bemerkungen eines Akademikers"[163]) 1795 behaupten, ein Drittel der Studenten geschlechtlich erkrankt gewesen sei, eine Behauptung, die in einem amtlichen Berichte von 1805 durch ein Zeugnis Prof. Reils bestätigt wird, nach welchem die Ansteckung ein Viertel der Studentenschaft ergriffen und sich selbst in manche Familien fortgesetzt habe[164]). Laukhard (I. 197) erzählt auch, daß das Saufen und Raufen in Halle weniger im Schwange war, daß man aber häufig auf die Dörfer zog, um mit den Mädchen zu tanzen, oder „des Sommers irgend einer Kornnymphe nachzuwittern". Eine besondere Gefahr drohte den Halli-

---

[162]) Schrader, W., Geschichte der Friedrichs-Universität in Halle. Berlin 1894. 2 Bde.

[163]) Bemerkungen eines Akademikers über Halle und dessen Bewohner, in Briefen . . . Germanien 1795. 184.

[164]) Schrader, a. a. O. I. 637, Anm. 14.

schen Studenten von seiten der „Hefe des Weibervolks“, den „Studentenaufwärterinnen“. „Wahrlich,“ so heißt es in den „Briefen zur näheren Kenntnis von Halle“ [165]), „zehn förmliche Freudenhäuser können den hiesigen Jünglingen nicht so gefährlich sein, als es fünf wollüstige Aufwärterinnen sind, und deren giebt es leider eine ungeheure Zahl. So viel Liebe zur Tugend, so viel Reinheit der Sitten bringt noch immer bei weitem mehr als die Hälfte der junge Leute, wenigstens von denen, die aus kleinen Provinzialstädtischen Schulen kommen, mit auf die Akademie, daß sie einen natürlichen Abscheu vor dergleichen Häusern haben, und den ersten Besuch derselben gewiß vermeiden. Aber wie viele Hunderte dieser unschuldigen Jünglinge mögen wohl schon das Opfer der Wollust und des Eigennutzes einer Schlange von Aufwärterin geworden sein. Nur sie sind die Wekkerinnen der schlummernden Triebe, nur sie die Verführerinnen der unschuldigsten Jünglinge.“ Ein Urteil, das sich nicht bloß auf die „Aufwärterinnen“, sondern auch auf die „Wäscherinnen“ [166]) und „Näherinnen“ bezog. „Dahero,“ meint Martin Schmeizel [167]), „diejenigen, welche sich um den Schaden des Academischen Josephs hertzlich bekümmert, schon längsten gewünschet, daß diese Bedienung und Verrichtungen, entweder durch feine ältliche Weibes- oder auch Mans-Personen geschehen möchte.“ Nicht immer der Reiz dieser oft schon verblichenen Mädchen, ruft Heun [168]) den Studenten zu, sondern hauptsächlich die öftere Gelegenheit mit ihnen allein zu sein, kann Eure Unschuld und Unbefleckheit gefangen nehmen. Wie denn auch Meiners [169]) unter den Aufwärterinnen als Verführerinnen im schlimmsten Sinne des Wortes nicht die jungen und hübschen bezeichnet, sondern gerade die verblühenden, „die in ihrer schönen Zeit ein oder einige Male zu Falle gekomen sind“. „Diese locken am liebsten stille und bescheidene Jünglinge an sich, nicht aus Eigennutz, oder brünstiger Üppigkeit, sondern weil ihnen Liebes-Verständnisse oder eine geheime Ehe zur Gewohnheit geworden sind.“ Und was die „Wäscherinnen“ anlangt, so verboten schon 1704 die Statuten der Stadt Jena den Bürgern, durch ihre Töchter und sonstigen weiblichen Angehörigen den bei ihnen wohnenden Studenten, wie zeither üblich gewesen, die Wäsche auf die Stuben bringen und von dort wieder abholen zu lassen, mit der Begründung: „Da daraus öfters Unheil und Ungelegenheit zu entstehen pfleget, und jedweder zur Erhaltung seiner und seiner Kinder Ehre und guten Leumuths zu verhüten geflissen, wie auch Schimpf, Schaden und erstliche Besserung (d. h. Strafe) von sich und den Seinigen abzuwenden bedacht sein wird“ [170]).

---

165) Briefe zur näheren Kenntniss von Halle. Von einem unpartheiischen Beobachter. o. O. 1794. / 96 f.

166) „Lotrix“ ist freylich sonst generis foeminini, aber daß es auf Academien sehr offt generis communis sey ist bekannt“ (Lober, a. a. O. 1723. 256).

167) a. a. O. Anm. 37.

168) a a. O. 87.

169) a. a. O. II. 263 f.

170) Keil, a. a. O. 138.

Auch in **Göttingen** gehörten die Wäscherinnen und deren Gehilfinnen zur gefährlichsten Klasse der Frauenzimmer. Die einen und die anderen ließen sich häufig mit ihren Kunden in verbotenen Umgang ein und entwendeten ihnen dabei auch den besten Teil ihrer Wäsche[171]). Doch gab es dort auch „Mädchen genug, an denen man sich nicht sehr versündigen kann", wie es im „Briefwechsel dreyer Akademischer Freunde" 1778 (159) heißt. Es waren dies die „Nymphen, die für einige Groschen, und die Madamen und Mamsellen, die für einige Thaler nach advenant feil" waren (Laukhard I. 130). Dazu kam noch, daß es damals in Göttingen einen angesehenen Arzt gab (Briefwechsel, S. 159), der den „Purschen, die sich bey ihm Raths erholten", anriet, „der Gesundheit wegen Ausschweifungen beym Frauenzimmer zu begehen"[172]). „Da Göttingen aber eine Universität des feineren Tons war, suchte der Student, der's zwingen konnte, d. h. Geld hatte, bei einem feineren Frauenzimmer anzukommen, und machte dem seinen Hof. Gemeiniglich blieb es beim Hofmachen und hatte keine weiteren Folgen, als daß dem Galan der Beutel tüchtig ausgeleert wurde. Manchesmal freilich ging das Ding weiter, und es folgten ‚lebendige Zeugen der Vertraulichkeit'."

Über das Liebesleben der damaligen **Gießner** Studenten gibt uns Laukhard (I. 53—55) ebenfalls Kunde. „Wer den Gießener Studenten Petitmâterei schuld gibt," meint er, „tut ihnen wahrlich unrecht." Die meisten traten einher — nach dem Liedchen — wie Schweine. Nur sehr wenige Studenten „machten Knöpfe"[173]), das wurde für petitmâterisch und unburschikos gehalten. Bordelle gab es auch in Gießen nicht, aber doch „unzüchtige Menscher" und folglich auch, „wie leider jetzt auf jeder Universität venerische Krankheiten". Laukhard bedauert, daß infolge irrigen Ehrgefühls der angesteckte Jüngling Pfuschern in die Hände fällt, erklärt, „daß Theologen, Lehrer- und Predigersöhne, die man zu Hause oder in Pädagogien kurz gehalten, hauptsächlich infiziert wurden" und berichtet dann, daß Stipendiaten, die geschlechtskrank wurden, ihr Stipendium verloren. Die rohesten Streiche spielten die Studenten einem Ex-Theologen, der damals in Gießen das Amt eines Leichenbitters und Mädchenschullehrers bekleidete, weil er „wegen eines illegalen Beitrags zur Bevölkerung, der durch seines Vaters Magd zum Vorschein gekommen, die Hoffnung verlor, ein geistliches Amt zu bekleiden"[174]).

---

[171]) Bekannt ist auch, daß selbst die sogenannten Studentenmütter, d. h. jene Frauen, die an Studenten Zimmer vermieteten, ihren studentischen Mietern fast ausnahmslos „auch im Bette gefällig waren". Manche hatten jahraus, jahrein „soviel ständige Beischläfer, als sie jeweils Studenten in ihrem Hause hatten". Aber auch bei andern Bürgersfrauen ist in Universitätsstädten der Student „als willkommener Bettgast" sprichwörtlich in der Zeit. Es heißt: „Wer sein Ehbette will behalten keusch und rein, der lade nur nicht viel Studenten zu sich ein." (Fuchs' Sittengeschichte „Die galante Zeit" München 1910. 283.)

[172]) Es gab also schon damals Ärzte, welche die sexuelle Abstinenz für schädlich hielten.

[173]) Knöpfmachen — die Cour machen (Kluge, 101).

[174]) „Theologen, qui culpam graviditatis feminae contraxerunt, sollen nicht zum Examen zugelassen werden", hieß es in einer Verordnung vom 18. März 1797. (Die Universität Gießen von 1607—1907. Festschrift. Gießen 1907. I. 389.)

„Da in Gießen keine Bordelle, die Burschen daselbst den Stachel der Sinnlichkeit aber ebenso gut fühlen wie an andern Orten, so ziehen die meisten", sagt Laukhard (I. 74) „nach Wetzlar, um das Vergnügen zu genießen, sich mit dem Auswurf des weiblichen Geschlechtes zu unterhalten." Auch diese „gefälligen Menscher" und „Wetzlarer Nymphen" bezeichnet Laukhard als meistens „französisch", d. h. geschlechtskrank.

Auch in Jena war es damals nicht anders. Auch dort gab es auf den Dörfern „einige unsaubere Nymphen", die den Beutel, die Gesundheit und die Sitten der Jünglinge schändlich verwüsteten. Und bei Keil (138) lesen wir einen Bericht aus den achtziger Jahren des 18. Jahrhunderts: „Die gemeinen Mädchen sind ihrer Väter im Durchschnitt würdig. Sie sind teils unterhaltene Maitressen, teils für Geld und gute Worte zu beliebigem Gebrauche zu erhalten. Unter jedem Mantel, einem bei den gemeinen Weibspersonen hier gewöhnlichen Kleidungsstücke, sieht eine Kraftäußerung irgendeines Studierenden hervor, und jeder Pferdejunge gibt auf die Frage: Wer ist Dein Vater? gewöhnlich die Antwort: Een Bursche!", und ein Stammbuchvers (1767) lautete:

Kein Degen, kein Pedell, kein Wetter, Sturm und Wind
Erschreckt den Purschen so, als wie ein Jungfer-Kind."

Einblick in das Sexualleben der deutschen Studentenwelt gaben und geben uns allezeit die Lieder, die die Studenten sangen. Besonders reichlich können wir aus jenen der eben besprochenen Zeit schöpfen. Damals erklangen jene Lieder, von denen die beiden Keils[175]) sagen, daß sie sie nur in Bruchstücken geben könnten, da hie und da der unmittelbarste Ausdruck von Laszivität und Obszönität die Aufnahme gewisser einzelner Strophen untauglich mache.

Damals ließen die Studenten im flotten Kommersliede „omnes virgines faciles accessu et mulieres faciles agressu" unter obszöner Übersetzung der betreffenden Strophe hochleben. Da stand mancher, wie es in einem der Lieder heißt:

Auf alle Gassen,
Wo Verliebte stehen,
Wo verliebte Hasen passen,
Die verhurt aussehn —,

da ging man „in aller Still zu seinem Mädchen" oder „kaufte" sich auf den Mühlen der Umgegend „Vergnügen". Ja man begnügte sich aber nicht einmal mit den geheimen geschlechtlichen Ausschweifungen, man nahm die Mädchen mit zum Burschenschmause:

„Die Friquette,
Die Brunette
Saß bei jedem Burschenschmauß,
Pereat, wer sie touschieret
Und sich über sie moqieret,
Pereat sein ganzes Haus! —"

sang in ihrer Gegenwart Studentenlieder voll Zotenreißerei und gemeinster Obszönität; man wurde ungeniert vor aller Augen handgreiflich, denn

---

175) Keil, R. u. R., Deutsche Studentenlieder des 17. und 18. Jahrhunderts. Lahr o. J.

„Mit schönen Kindern artig spielen,
den Vorrath ihrer Brust durchwühlen,
das ging wohl an“,

ja man brachte sogar dem,

„der Wein wie Wasser säuft
und nach des Mädchens Busen greift“

ein Hoch und sank zuletzt „bezecht in Doris Arme“. Die Folgen solchen Treibens konnten nicht ausbleiben, und wohl keiner sang mit Überzeugung die Strophe:

Es lebe auch mein Mädchen hoch!
Sie blüh drei Vierteljahr,
Und nach der Zeit so bring' sie mir
Mein Bild im Kleinen dar! —

Weit richtiger drückt gewiß folgende Strophe die wahre Stimmung des Studenten in dieser eigentümlichen Situation aus:

O weh! mir armen Choriden, o weh!
Man bringt mir einen jungen Sohn, o weh!
Dazu soll ich der Vater sein,
So schlage das Donner und Wetter drein!
o weh! o weh! o weh!

Dazu kamen noch die venerischen Krankheiten; und so ist es erklärlich, daß im Gegensatz zu anderen epikuräischen Liederstellen der Fluch über die „Otternzucht“ ausgesprochen wird.

Und du verfluchte Otternzucht,
Euch Huren treffe auch der Fluch,
So Blitz als Strahl,
So oft einmal
Der Himmel Feuer speit.

Die Neigung der Studenten zu sexuellen Exzessen machte sich auch in ihren sonstigen privatlichen Beziehungen bemerkbar, namentlich auf der Kneipe bei der oft vorkommenden gegenseitigen Widmung von Erinnerungszeichen. Es war damals und auch schon früher üblich, daß jeder patente Student ein Stammbuch besaß, in das er von Professoren und Studenten Gedenksprüche eintragen ließ. Zu dem Texte fügte man mehr oder weniger künstlerische Zeichnungen und farbige Bilder, die meist von Kunstmalern angefertigt waren. Wir haben, so berichteten nun R. und R. Keil [176]), Stammbuchdevisen aus jener Zeit gelesen, welche damals in den Studentenkreisen Jenas sehr beliebt waren, von denen sich aber gewiß die meisten Studenten unserer Tage mit Abscheu wegwenden würden. Denn dieselben zeugen von einem auch in Jena während dieses Zeitraums in dem Studentenleben herrschenden schlechten Ton, welcher sich in Frivolität, Zotenreißerei und Obszönitäten der gemeinsten Art gefiel. So bilden denn diese Stammbücher [177]) für die Sittengeschichte jener Zeit einen dankenswerten Beitrag von besonderer psychologischer und kulturgeschichtlicher Bedeutung. Wir lassen nun eine kleine Auswahl solcher Stammbuchverse folgen, in denen

176) Geschichte des Jenaischen Studentenlebens. 139.

177) Keil, R. u. R., Die deutschen Stammbücher des 16. bis 19. Jahrhunderts. Berlin 1893.

das Thema „Mädchen und Liebe“ in den verschiedensten Abwechslungen stets wiederkehrt. Bald heißt es:

„Hübsche Mädchen sind erschaffen
Nur vor Pursche nicht vor Pfaffen,
D'rum so lob' ich diesen Orden,
Sonst wär ich kein Pursche worden —

Ein Bursche gesteht ganz ungeniert:

Pursche, die in Jena sind, sind verliebet,
Reiten auf den Dörfern 'rum, wo's was giebet —

Dann heißt es wieder:

Est bonus is ludus,
Cum virgine ludere nudus.

ein anderer hat seine Erfahrung dahin geäußert:

Virgines et pisces in medio sunt meliores.

In einem Stammbuch des Altdorfer Studenten Pfund stehen die kecken Verse [178]):

Mein allerschönstes Kind, mein innigstes Vergnügen,
Ich seh den weißen Schnee auf Deinen Bergen liegen
Und, wo er sich geballt, da ist er guter Art:
Erlaube meiner Hand nur eine Schlittenfahrt! (1792)

Auch in Gießen ging der Student auf galante Abenteuer aus, und C. W. Schmidt [179]) weiß von der Kostspieligkeit dieser Vergnügungen ein Lied zu singen:

Soll ein galantes Kind uns zu Gefallen lachen,
So muß der Beutel erst die Komplimenten machen.
Drum ist ein schöner Mund ein kostbarer Magnet,
Nach dem mit manchem Kuß auch mancher Thaler geht.

Neben den Liedern und Stammbüchern bildet die Studentensprache, die Burschensprache, wie sie im 18. Jahrhundert hieß, eine wichtige Fundgrube für die Erforschung der studentischen Kulturgeschichte. So selbstbewußt und unbekümmert wie der Bursche im öffentlichen Leben auftrat, so selbstherrlich behandelte er auch die Sprache. Er schuf sich eine eigene Kastensprache, die sein Stolz und sein Vorrecht war, und in treuer Überlieferung hat sich der Anspruch darauf bis heute erhalten. Für alle Erscheinungen, die in sein Leben treten, fand und findet der Student Benennungen, die ihm in ihrer Eigenart angemessen sind, und die verschiedensten Gebiete müssen ihm Beiträge liefern bei seinem sprachgewaltigen Schaffen [180]). Das hauptsächlichste und wichtigste Gebiet hiefür war das Sexualleben. Schon Uhl [181]) (1897) weist auf die diesbezüglichen lexikographischen Übungen in der Rede des Jacob Hartlieb: De fide meretricum hin, und auch Bloch sagt in

[178]) Höhn, H., Alte Stammbücher im Besitz des Germanischen Nationalmuseums zu Nürnberg. In: Zeitschr. für Bücherfreunde. V. 1913. 37.

[179]) Preuschen, E., Aus alten Gießener Stammbüchern. In: Beiträge zur Geschichte der Universitäten Mainz und Gießen. Darmstadt 1907. 398. Vgl. hierzu auch: Kurz, F., Das Ewig-Weibliche in studentischen Stammbüchern. In: Akad. Monatsh. XXIV 1907/08. 374 u. 413.

[180]) Lucke, W., Studentensprache und Gaunersprache. In: Westermanns Monatsh. LV. 1911. 35.

[181]) a. a. O. 27.

seinem großangelegten Werke „Die Prostitution“ (1912, S. 700), „daß sie die innigen Beziehungen zwischen Studententum und Prostitution in der Ausbildung eines gemeinsamen Jargons zeigt“. Avé-Lallemant[182]) faßt ihn irrtümlich als Produkt eines geistlichen Milieus auf, während er tatsächlich dem akademischen Milieu seinen Ursprung verdankt, dem allerdings mehr Kleriker als Laien angehörten. Gibt uns Hartliebs Wörterverzeichnis ein getreues Abbild der Beziehungen der Dirnen zu den geistlichen Studenten des 15. Jahrhunderts, so leisten uns das in Halle 1781 erschienene „Studenten-Lexikon“ von Christian Wilhelm Kindleben[183]) und das von J. Vollmann 1846 herausgegebene „Burschikose Wörterbuch“ um so mehr für unseren Zweck, als diese beiden Publikationen außer dem 17. Jahrhundert auch das 18. und 19. Jahrhundert berücksichtigen. Wir sehen in beiden einen eigentümlichen Bordelljargon rein studentischen Ursprungs entwickelt[184]). Vollmanns Wörterbuch betrachtet W. Fabricius[185]) allerdings als eine sehr verdächtige Quelle. Nach wiederholten Unterredungen mit zuverlässigen Leuten, die um 1846 studiert haben, kommt er zu dem Schlusse, daß die deutschen Studenten jener Zeit nicht so — derb gesagt — schweinemäßig gesprochen haben.

Hingegen betont Schrader[186]) mit Recht, daß, wenn auch die akademischen Behörden Halles den Druck des Studentenlexikons von Kindleben wegen seines anstößigen Inhaltes untersagten, der Verfasser doch wohl auf Leser in Studentenkreisen gerechnet und nur die unter ihnen beliebten Anschauungen und Ausdrücke wiedergegeben haben muß. In dieser Auffassung wird man bestärkt, wenn man in Laukhards Selbstbiographie aus jener Zeit folgendes liest: „Da man es für Pedanterie hielt, von gelehrten Sachen zu sprechen, so wurde von Burschenaffären diskutiert, und größtenteils wurden Zoten gerissen. Ja, ich weiß noch recht gut, daß man in Eberhards Busch-Kneipe ordentliche Vorlesungen über die Zotologie hielt, worüber ein Kompendium im Manuskript da war.“ Und in Gießen ließ sich Laukhard selbst zum Professor Zotologiae ernennen und las über ein selbstgeschriebenes Buch: „Elementa zotologiae sive Aeschrologiae tam theoreticae quam practicae“, das damals häufig abgeschrieben wurde[187]).

---

[182]) Avé-Lallement, Das deutsche Gaunertum. Leipzig 1899.

[183]) Neudruck von Adolf Weigel. Leipzig 1899.

[184]) Stern, B., führt in seiner „Illustr. Geschichte der erotischen Literatur aller Zeiten und Völker“, Wien 1908, I, 145, neben einer großen Anzahl erotischer Wörterbücher, die in französischer Sprache erschienen sind, nur diese beiden studentischen Bücher als die einzigen erotischen Lexika an, die in deutscher Sprache veröffentlicht wurden.

[185]) Fabricius, W., Zur Studentensprache. In: Zeitschr. f. deutsche Wortforschung. III. 1902. 91 ff.

[186]) a. a. O. 595.

[187]) „Ich machte einen Aufsatz, dem ich den Titel gab: „Deutsche Synonymen“. Da brachte ich alle mir bekannten Wörter zusammen, welche die Besoffenheit und den unflätigen Umgang mit Frauenzimmern auf deutsch bezeichnen. Das war nun so ein Stück Arbeit aus der lieben Zotologie. Ich machte den Aufsatz gemeinnützig, indem ich erlaubte, daß jeder Student, der nur wollte, ihn abschrieb; ich war sogar willens, ihn drucken zu lassen, und Herr Adelung hätte alsdann einen derben Beitrag zu seinem Wörterbuch gefunden.“ (Laukhard a. a. O. 110.)

Zahllos sind die Worte in der Sprache des Studenten, welche sein Verhältnis zum schönen Geschlecht ausdrücken, unerschöpflich ist die Burschensprache in der Bezeichnung der käuflichen Dirnen. Kluge (a. a. O. S. 19) führt als erstes Wort „Backfisch" an, ein Wort, das aus der Burschensprache in unseren allgemeinen Sprachschatz übergegangen ist. Es ist schon für das 17. Jahrhundert als studentisch bezeugt, und noch die neueren studentischen Wörterbücher buchen es so. Seit 1799 kam der studentische Ausdruck „Besen" für Frauenzimmer auf. Es liegt darin, heißt es in der „Naturgeschichte des deutschen Studenten", ein gar tiefer Sinn. Wo wären ohne das weibliche Geschlecht die Städtegründerin Ordnung und die Freundin deutscher Gelehrsamkeit Reinlichkeit auf Erden geblieben? Nur durch zarter Frauen Hand sind sie uns erhalten worden. Das weiß der Student sehr wohl, und darum ist diese pars pro toto in seinem Munde eine durchaus ehrende Benennung. In Göttingen unterschied man 1813 schon Florbesen, Kattunbesen, Waschbesen und Küchenbesen (Kluge, S. 19). Und zur Zeit Schnabels (a. a. O. S. 445) teilten die Musensöhne dortselbst die Frauenzimmer in Flor- und Kattunbesen; erstere waren die Töchter der Honoratioren, diese geringerer Leute und zerfielen wieder in Unterabteilungen, in: Dienstbesen und Zobel. Letztere Klasse, sagt Schnabel, die niedlichen Pelztierchen sind vorzugsweise da, wo der Zapfenstreich geht, am zahlreichsten zu treffen und etwas epikuräischer Natur.

Daß man im Zeitalter des Renommisten die Frauen und Mädchen als „Scharmante" bezeichnete und sie in „wahrhaftige" und „Spaßscharmanten" und „Trampelscharmanten" unterschied, wissen wir aus dem entsprechenden Abschnitt dieses Buches. Wäre noch der Ausdruck „Flor" zu nennen, der sich seit 1813 als studentischer Ehrentitel für das schöne Geschlecht findet[188]).

Kluge vermeidet es in seinem grundlegenden Werke über die deutsche Studentensprache, „die weitere Nomenklatur in allen Unterschieden vorzuführen, um nicht das Gebiet der Venus vulgivaga betreten zu müssen". Wenn ich es hier dennoch tue, so will ich damit nicht etwa auf frivole Effekthascherei ausgehen, ich fühle mich vielmehr vom wissenschaftlichen Standpunkte aus dazu verpflichtet. So bedeutungsvoll es auch in diesem Hinblicke sowohl in sprachlicher als auch in kulturgeschichtlicher Beziehung wäre, hier überhaupt ein sexuell-skatologisches Glossar der Studentensprache in seinem ganzen Umfange zu verarbeiten, muß ich doch davon, da es zu weit führen würde, absehen, will aber aus der Fülle des Stoffes nur einen einzelnen Abschnitt herausheben und mich nur auf die studentischen Bezeichnungen der Prostituierten beschränken, deren nahe Beziehungen zu den Studenten uns schon aus der oben erwähnten Rede Hartlieb's bekannt sind. Als Quellen benutzte ich außer den früher genannten Wörterbüchern von Kindleben (K.) und Vollmann (V.) noch:

---

188) Vgl. Pabst, K. R., Theodor Müllers Jugendleben (um 1815). Aarau 1861. 92: „Die Tänzerinnen gehörten höchstens zum ‚Halbflor', d. h. zu den Mädchen aus dem bürgerlichen Mittelstande, nicht zum ‚Flor' im eminenten Sinne, d. h. zu den gebildeteren Mädchen und Frauen aus den höheren Kreisen der Gesellschaft."

1. Studentensprache und Studentenlied in Halle vor hundert Jahren. Neudruck des „Idiotikon der Studentensprache von 1795" und der „Studentenlieder von 1781". Hrsgg. von K. Burdach. Halle 1894. (B.)
2. Das Leben auf Universitäten . . . nebst einem Verzeichnis aller burschikosen Ausdrücke. Sondershausen 1822. (L.)
3. Der flotte Bursch oder Neueste durchaus vollständige Sammlung von sämmtlichen jetzt gebräuchlichen burschikosen Redensarten und Wörtern von C. B. v. Rag — — y. Leipzig 1831. (R.)
4. J. Meier, Hallische Studentensprache. Halle 1894. (M.)
5. F. Kluge, Deutsche Studentensprache. Straßburg 1895. (Kl.)
6. W. Fabricius, Zur Studentensprache. In: Zeitschrift f. Wortforschung. III. 1902. 91 ff. (F.)
7. K. Konrad, Ergänzungen zu Friedrich Kluges „Deutscher Studentensprache". Ebenda XII. 1910. 271 ff. (Kd.)

Die Ausdrücke sind alphabetisch geordnet ohne Rücksicht auf die Zeit ihres Entstehens.

Blechtude (Blechtute), (Kl. 84; 8, 74; L. 210).
Bleivogel (Kl. 55, 84; M. 50, 511; K. 36; B. 31).
Buttervogel (K. 49; M. 50).
Dohle (M. 50; Kl. 55).
Donna (V. 131).
Etcetera (M. 55; Kl. 89; Kd. 277).
Etui (V. 162).
Geige (Kl. 92; V. 199); dazu Nachtgeige (Kl. 92; V. 333).
Grasmücke (Kl. 93; B. 51; M. 50, 92); auch Grasnymphe (Kl. 20).
Hase (M. 50). Nach F. 98 ist Hase — verliebter Student.
Hallendame (V. 211).
Helena (Kl. 33). Vgl. Lena — Bordellmutter, Leno — Hurenwirt, Lenocinium — das Bordell (V. 33).
Knallnymphe (Kl. 20). Vgl. auch „Knallhütte" — Bordell (Kl. 100; Kd. 281); ferner „Knalliade, „Knallhengst", „Knallsystem" (V. 263, 264).
Krammetsvogel (Kl. 55, 103).
Lerche (M. 50, 513). Nach V. 303: Lerche — Harfenmensch.
Mensch (neutr.) K. 131; V. 320; R. 57); auch „die Mensche (Kl. 283); vgl. auch Meßmensch — fahrende Dirne (V. 321).
Metze (K. 99, 132; B. 78).
Miez (Kl. 107; K. 133; B. 78).
Möbel (meuble) (Kl. 107; Kd. 284); auch Lagermeuble (Kl. 107).
Nachtvogel (Kl. 109; Mo. 50, 508).
Nickel (Kl. 132; F. 99).
Prinzessin (V. 376).
Privatdozentin (R. 67; M. 54, 95; Kl. 12, 116).
Sau (Saumensch) (V. 405; M. 50).
Schnalle (V. 518).
Schnepe (Schneppe) (K. 55; M. 50).
Schüler ex collegio quinto (Kl. 33, Anm. 1). Vgl. „Fünfte Fakultät — Bordell (in Leipzig und Breslau gebräuchlich um 1700).
Barmherzige Schwester, auch mitleidige Schwester (M. 55, 95; Kl. 20, 107, 125; Kd. 273), auch gefällige Schwester (Kd. 279), notdürftigste Schwester (Kd. 284).
Spritzbüchse (Kl. 127), auch Spritzleder (V. 430).
Straßenklepper (K. 99; M. 50).
Strichvogel (M. 50; Kl. 128, 136).
Zobel, Zobelchen (Kl. 55, 135; M. 50; V. 518; F. 101).
Zuchtstute (V. 518).
Zugvogel (Kl. 136; M. 50, 509; R. 108; V. 518).
Zusteherin (K. 225).

Viele dieser Bezeichnungen sind heute nicht mehr gebräuchlich, sie sind in Vergessenheit geraten; einige davon haben sich jedoch bis zum heutigen Tage erhalten, und es sind auch neue dafür aufgekommen, da die Prostitution, auf die sie sich beziehen, im großen und ganzen sich gleichgeblieben ist[189]).

Werfen wir nun einen kurzen Rückblick auf das 17. und 18. Jahrhundert. Was Schrader von den Hallischen Studenten sagt, daß ihr Sinn „nicht frei von Flecken" gewesen sei, gilt für die damalige Studentenschaft an allen Universitäten. „Der tiefe sittliche Schatten jener Zeit" fiel auch auf das akademische Leben. Aber schon gegen das Ende des 18. Jahrhunderts finden wir unter dem Einflusse der klassischen Literaturperiode und des Kant-Schiller-Fichteschen Idealismus Ansätze zur Besserung der sexuellen Moral unter den Studenten. Schon schrieb der Reichsanzeiger von 1795 „Über zunehmende Sittlichkeit auf Universitäten": „Die Sitten haben sich zu ihrem Vorteil verändert. Äußere Kultur und Verfeinerung zeigt sich überall, in der Art, wie der Student sich kleidet, in der Wahl seiner Vergnügungen, im gesellschaftlichen Ton, im ganzen äußeren Betragen. Ein großer Teil der Studentenschaft will jetzt lieber als Student von gesitteten Menschen geehrt sein, als daß mehrere sich sonst beflissen, sich durch Purschenstreiche zu berüchthigen und von allen gesitteten Menschen möglichst auszuzeichnen." Diese Wandlung der sittlichen Anschauungen der Studentenschaft blieb selbstverständlich nicht ohne Einfluß auf die Auffassung über die Beziehungen der akademischen Jugend zum andern Geschlecht. „Am meisten", sagt Ernst Münch[190]) in seinen Erinnerungen, „erbitterte mich . . . die Todtfeindschaft (der Studenten) gegen feinere Lebensart und Sitte; die krude Manier mit dem andern Geschlecht und die Ausrottung aller zarten Gefühle; die Beschmutzung der weiblichen Würde durch das Prädikat „Besen", die zynischen Lieder, die Apologie der Liederlichkeit und die Gemeinschaft mit verworfenen Menschenklassen." Und mit freudigem Erstaunen liest man, daß nach § 32 des um 1812 entstandenen „Jenaischen Comment" derjenige mit „widerruflichem Verschiß" belegt wurde, „wer mit einer venerischen auch noch so unbedeutenden Krankheit den Beischlaf vollzieht" oder „wer sich, wenn er mit einer venerischen Krankheit behaftet ist, schlägt"[191]). In Achim von Arnims Studentenspiel „Halle und Jerusalem"[192]), in dem neben vielen anderen studentischen Unsitten zwar noch genügend geschlechtliche Vergehen der Studenten breit und behaglich erzählt werden, findet sich auch schon ein „Sittlichkeitsparagraph" des Ordens[193]), dem der Held des Stückes „Cardenio" angehört. Er sagt dort (I. Aufzug, 2. Auftritt) zu einem Studenten, der ein Liebesverhältnis mit einer verheirateten Frau unterhält: „Sieh, Bruder, das muß auch anders werden, ich sag es Dir im Namen unseres

189) Vgl. Günther, L., Die Bezeichnungen für die Freudenmädchen im Rotwelsch und in den verwandten Geheimsprachen. In: Anthropophyteia IX. 1912. 1 ff.

190) Münch, Ernst, Erinnerungen, Lebensbilder und Studien. Karlsruhe 1836. I. 298. (Münch studierte 1815—1818 in Freiburg i. B. War erst Mitglied der Schweizerischen Verbindung „Helvetia", dann Burschenschafter).

191) Fabricius, W., Die deutschen Corps. 199. Die erste Bestimmung findet sich sogar schon 1805 im Hallischen Comment. (Arch. f. Kulturgesch. III. 1909. 218.)

192) Erschienen 1811. Neu hrsg. v. F. Lemmermayer o. J.

193) Wohl der in Halle bestandene Orden der „Unitisten". Vgl. W. Fabricius, Die Studentenorden des 18. Jahrhunderts. Jena 1891. 88.

Ordens, ich gebe Dir acht Tage Zeit; Liebschaften dulden wir, doch gegen den Ehestand, wo er noch treu gehalten wird, bewahren wir die Achtung; ich sage in acht Tagen mußt Du ganz von ihr entfremdet sein, sieh' oder Du bist ausgestoßen."

So erfreulich und wohltuend diese Ansätze zu einer sittlichen Lebensführung der Studenten sind, erst die Freiheitskriege und mit ihnen die Entstehung der Deutschen Burschenschaft (1815) zeigten der akademischen Jugend die Bahn, welche zur Veredelung des Geistes führen mußte[194]). „Nun begann", heißt es bei Keil (S. 366), „ein schönes, edles Streben sich in dem Jenaischen Burschenleben Bahn zu brechen. Sitte und Zucht begannen zu den Ehren der Jünglinge zu gehören." — — Ein Leben, welches diesen Gang genommen, mußte sich bald über Gebrechen erheben, welche Geselligkeit, Frohsinn und Ehre in Gefahr zu bringen geeignet waren. Sehr frühzeitig wurde deshalb auf die Bewahrung der Keuschheit als einer volkstümlichen, echt deutschen Tugend Gewicht gelegt. „Nicht mehr galt es", so berichtet uns Wesselhöft[195]), „für Witz, die Unschuld und Dummheit zum Spiel der Wollust zu machen, und nicht minder gereichte es zur Schande, privilegierte Häuser[196]) zu besuchen. Wer seinen Mangel an Enthaltsamkeit auf Grundsätze der Diät zurückführen wollte, brachte sich leicht um den guten Ruf. Die Turnplätze waren eröffnet; auf diese verwies man die Philosophen, und Beweise waren vorhanden, daß arge Lust durch Reck und Barren gekühlt wurde."

Obwohl die Bewahrung der Keuschheit in der Verfassungsurkunde der deutschen Burschenschaft vom 12. Juni 1815[197]) nicht ausdrücklich zum Gesetz erhoben wurde, waren die Anschauungen hierüber seit Anbeginn sehr ernste und wurden immer strenger. Schließlich wurde noch vor Auflösung der Burschenschaft 1819 jede Verletzung des Keuschheitsprinzipes mit der Ausstoßung be-

---

[194]) Vgl. Karl Raumer a. a. O. S. 25: „Man kann denken, welche Freude ich hatte, als später die Burschenschaft ernst und kräftig gegen jene Gräuel (des sittlichen Verderbens) auftrat, und wie ich mich als Professor amtlich verpflichtet fühlen mußte, ihr überall das Wort zu reden."

[195]) Rob. v. Wesselhöft, Deutsche Jugend in weiland Burschenschaften und Turngemeinden. Magdeburg 1828. 33 ff.

[196]) „Man wollte keine Lasterhöhlen, keine Verführungsstätten." „Als einst in einer Nebengasse (in Jena) ein schlechtes Haus eingerichtet werden sollte, wurde dasselbe an Fenstern und Möbeln von den Studenten demoliert, weshalb dann allerdings eine Anzahl meiner Kommilitonen zum Schadenersatz und zum Karzer verurteilt wurden. Es war aber diese Tat eine grimmige Kundgebung sittlicher Entrüstung", so schreibt E. W. Krummacher in seinen Lebenserinnerungen. (Lebenserinnerungen eines geistlichen Veteranen. Aus den nachgel. Aufzeichnungen des Dr. E. W. Krummacher, hrsg. v. H. Krummacher. Essen 1889. 19; E. W. Kr. war 1817—19 Burschenschafter in Jena.) In einem Konvente der Breslauer Burschenschaft (1818) wurde die Frage erörtert, ob nicht sämtliche Häuser, in denen der Venus vulgivaga geopfert wurde, in Verruf zu erklären seien. Auch sollten die an Venerie Erkrankten nur in Ausnahmsfällen die sonst übliche Unterstützung aus der Studentenkrankenkasse erhalten. (Gründung und Entwicklung der Breslauer Burschenschaft. Breslau 1867. 43.)

[197]) Man hatte in die erste Verfassung (§ 218) die Bestimmungen des § 32 des Jenaischen Landsmannschafter-Comments von 1812 wörtlich übernommen, die der Verbreitung der Geschlechtskrankheiten entgegenwirken sollten. Sie finden sich auch noch in den Vorschriften des burschenschaftlichen Brauchs von 1819 (§ 51, 143 und 148).

straft[198]). Und daß der von der Burschenschaft zur Geltung gebrachte Geist einer streng sittlichen und keuschen Lebensführung eine Wohltat für die gesamte Studentenschaft wurde, hat auch keiner der Gegner der Burschenschaft geleugnet. Deren gab es und gibt es noch heute genug. So wollten schon zu Leos Zeiten[199]) manche Burschen „nicht leiden, daß man aus deutschen Studentengesellschaften, wie sie meinten, fromme Leineweberçliquen mache". Wer sich jedoch unter den damaligen Burschenschaftern vergrämte, lebensfremde Studenten vorstellt, irrt sich. Wohl mag es vorgekommen sein, daß die strenge Selbstbeobachtung vielen einen Anstrich finsteren Ernstes verlieh, der „mit der Frische ihrer Wangen und der Jugend ihrer Jahre im Widerspuch zu stehen schien", aber bei aller sittlich-ernsten Haltung war der heiterste Humor nicht ausgeschlossen. So ließ sich selbst Maßmann, einer der eifrigsten Verfechter des Keuschheitsprinzips, lächelnd den Ulk gefallen, auf dem Hoftage der Lichtenhainer[200]) im Jahre 1816 von Herzog Thus VIII. zum Ober-Hof-Hurkinder-Schulmeister ernannt zu werden, was nicht ohne ironische Nebenbeziehung auf sein schulmeisterliches Predigen über die ernste Auffassung des Verhältnisses zum anderen Geschlecht geschah[201]).

Die Verspotter des Keuschheitsprinzips redeten z. B. der Burschenschaft „Germania" in Jena eine sogenannte „Bannmeile" nach[202]), d. h. es ward die Ansicht verbreitet, für die Germanen höre ringsum um Jena die Verpflichtung der Keuschheit auf. Schneider bezeichnet diese Ansicht als ins Reich der Fabel gehörig. Schärfer tritt Fabricius in seinem Buche „Die deutschen Corps" (S. 287 ff.) gegen das Keuschheitsprinzip der Burschenschaften auf, bezeichnet die damaligen Burschenschaften von dem „Hochmut der Sittlichkeit" beseelt, einer Sittlichkeit, die nicht um ihrer selbst willen betont wurde, sondern auf dem Gedanken beruhte, daß die Regeneratoren des Vaterlandes sich nicht durch Sinnenreize besiegen lassen dürften; „nicht die Liebe zur Tugend, sondern der Haß gegen die Landsmannschaften, die man in solchen Dingen versunken wähnte, war das Motiv dieser prahlerischen Sittlichkeit, die somit gar keine Sittlichkeit war"[203]). Fabricius begründet diese seine Worte mit einer Stelle aus einem Briefe des Burschenschafters Dürre: „Zur Besorgung seiner Wohnung in der Mäderei hatte Mäder zwei Mägde, welche alle möglichen Geschäfte zu verrichten

---

198) Bender, H., Die Burschenschaft und der Burgkeller in Jena. In: Bursch. Blätter IX. S. 1895. 118. Anm. 29 (unter Berufung auf Fromanns Bericht).

199) Leo, Heinrich, Meine Jugendzeit. Gotha 1880. 149 (Leo war 1817—1819 Burschenschafter in Jena.)

200) In Lichtenhain bei Jena hatten Burschenschafter einen burlesken „Bierstaat", das Herzogtum Lichtenhain, errichtet, wo nach einem eigenen „Bierbrauch" gekneipt wurde und dessen monarchischen Formen — Herzog Thus hieß der Herrscher ad infinitum — die Bierrepublik Ziegenhain republikanische Einrichtungen zur Seite stellte. Diese Bierstaaten sollten die deutschen staatlichen Zustände persiflieren.

201) Leo a. a. O. 150.

202) Schneider, Geschichte der B. Germania zu Jena. Jena 1897. 458.

203) Dieser Auffassung widerspricht vor allem die Tatsache, daß in die erste Verfassung der Burschenschaft von 1815, wie früher erwähnt, jener Paragraph aus dem Landsmannschafter-Comment herübergenommen wurde, der die Verbreitung der Geschlechtskrankheiten unter den Studenten verhindern sollte.

hatten und, wie das in Jena häufig zu sein pflegte, auch gegen einzelne Studenten zu Liebesdiensten bereit waren." Das, meint Fabricius, kann nicht gerade als ein Beweis für die allgemein herrschende Keuschheit gelten. Gewiß, auch unter den Burschenschaftern wird es nicht lauter Engel gegeben haben[204]), doch wenn man jene kleine Erzählung Gustav Freytags über den Heidelberger Burschenschafter K. Mathy liest, wird man wohl zu einer Fabricius entgegengesetzten Auffassung kommen. Freytag erzählt: „Als 1827 K. Mathy Paris besuchte, hatten sich die Bekannten verabredet, die spröde Tugend des B. zu brechen, für ihn adlige Damen zum Champagner geladen und alles klug eingefädelt, er habe aber, als Deutscher unter dem fremden Völkchen sein Wesen kräftig behauptet." An anderer Stelle berichtet Freytag: „Derselbe Mann, der sonst so geharnischt unter den Leuten einherschritt, war gegen die Braut von einer rührenden Weichheit und in seiner Art von hochsinniger Ritterlichkeit, und das war er nicht nur darum, weil er sie liebte, sondern, was dem Weibe vielleicht noch mehr gilt, er hielt sich in Haltung und Rede ehrfurchtsvoll gegen ihr ganzes Geschlecht."

Hielten schon die andern Burschenschaften, z. B. die Arminia in Jena, zu einer Zeit, da die Emanzipation des Fleisches auf die Tagesordnung gesetzt war, an der strengen Forderung der geschlechtlichen Enthaltsamkeit fest, so waren die sittlichen Grundsätze der Gießener Burschenschaften noch um vieles strenger. Die zahlreichen aus ihrem Kreise erhaltenen Stammbuchblätter, sagt Haupt[205]), sind von einem geradezu puritanischen Geiste sittlicher Reinheit und idealistischen Schwunges erfüllt. Besonders charakteristisch für den Kreis der „Schwarzen" (so nannte man die Gießener B.) ist es, daß man in den Gedenkversen ihrer Stammbücher kaum einer auf Frauenliebe bezughabenden Stelle begegnet. Man forderte eben von den Mitgliedern nicht nur Keuschheit, sondern geradezu Verzicht auf Frauenliebe, um sich ganz und ungeteilt dem Vaterlande hinzugeben und zu opfern. Dies verlangte auch Arndt[206]) von seinen Studenten, denen er sogar den gesellschaftlichen Umgang mit wohlgesitteten Frauen als eine Ablenkung von der wahren studentischen Männlichkeit versagte: „Gerade diese herrlichen Jahre sind die Jahre, wo der Jüngling in der höchsten Freiheit, die ihm nachher nie wieder so wird, seinem Gemüthe den Stahl des Charakters versetzen soll. Dies kann nur geschehen durch Umgang mit tüchtigen Männern und weidlichen Jünglingen. Am meisten wird dies gehindert durch Umgang mit Weibern, auch mit den besten Weibern. Die heilige Schrift spricht viel von Hurereien, die nicht bloß leiblich sind; es gibt auch manche geistige Hurereien, ärger als alle leiblichen."

[204]) So brüstete sich Schnabel (a. a. O. 179), — allerdings kein unverdächtiger Zeuge —, daß ihn „zwei deutsche langhaarige Jünglinge" bei allem, was ihnen heilig, bei dem alten, einigen Deutschland, bei Vater Jahn und ihrer Ehre beschworen hatten, die Szene zu vergessen und nie etwas davon der Mit- und Nachwelt zu verraten, als er sie (in Weimar) schwach und des geschworenen Keuschheitsgelübdes uneingedenk betroffen habe". •

[205]) Haupt, H., Karl Follen und die Gießener Schwarzen. Gießen 1907. 15 f.

[206]) Arndt, E. M., Über den deutschen Studentenstaat. Zuerst erschienen in der Zeitschr. „Der Wächter". Köln 1815. Neudruck, hrsg. v. E. Müsebeck o. J. 28 ff.

Er verhöhnt die studentischen Klubs vom „guten Ton“ und empfiehlt dafür das Turnen und Fechten, die da züchtiger sind als das züchtigste Weib [207]). Er lobt den deutschen Renommisten, bei dem der Ausdruck „Jungfernknecht“, „Weiberkerl“, „Damenpudel“ noch einen Schimpf bedeutet. Dies ist, meint er, eine wohltätige Seite des Studententums, daß sie die Frischesten aus der gefährlichen Genossenschaft der Weiber fast bloß in die Gemeinschaft der Männer und Jünglinge lockt [208]).

Ebenso dachten auch die Gießener Schwarzen um Karl Follen:

„Stolz, keusch und heilig sei,
Gläubig und deutsch und frei
Hermanns Geschlecht . . .“ (Karl Follen.)

Die Lösung der Aufgabe, die den Studenten in Deutschland nach seiner Ansicht zugefallen war, war so gewaltig, daß eine Ablenkung durch sinnliche Befriedigung vermieden werden mußte: „Uns, als dem Tode geweihten Opfern, muß Frauenliebe fremd bleiben“ [209]). In diesem Kreise stand auch Karl Ludwig Sand. „Was dem alten Römer der Staat,“ sagt Jarcke [210]), „dem berufenen Künstler seine Kunst, dem feurig liebenden Jünglinge die Geliebte zu sein pflegt, war ihm die allgemeine deutsche Burschenschaft; sie war ihm sein Eines und Alles, sein Staat, seine Kirche, seine Geliebte geworden.“ Follen war es, der den tiefsten Einfluß auf Sand nahm. Er war „wie ein Prophet unter seinen Jüngern, über die er nicht sich selbst stellte, sondern die ihn ehrten wie einen älteren Bruder und ihm vertrauten fast wie einem, der nicht irren kann“ [211]). Der geheimnisvolle Zauber, der von ihm ausging, wirkte so stark und mächtig, „daß kein einziger, auf den er sein Auge geworfen, nicht eine Zeitlang ihm zu eigen wurde“ [212]). War es nun wirklich nur „die Verbindung schwärmerischen Wesens mit der ruhigen Besonnenheit“ Karl Follens, die, wie einer seiner Gießener In-

---

[207]) Vgl. Leo in den Jahrb. f. wissenschaftl. Kritik 1829. 555: „Die Freuden der feineren geselligen Zirkel, z. B. wie sie durch Professorenfrauen und Professorentöchter eben schlecht und recht repräsentiert und mit dem Afterleben des Gewäsches über Predigt und Kunst übertüncht werden; sind ein elender Ersatz für das frische, wahre, innere Leben der korporativen Vereinigungen der Scholaren und Dozenten auf den Universitäten des Mittelalters, die sich bloß auf Universitätsangelegenheiten bezogen . . .

[208]) Vgl. Arndts Gedicht: „Wider die Damenpudelei.“ (Jenaische Blätter, hrsg. v. K. H. Scheidler. 1. Heft. Jena 1859. 138.)

„Wer der Wahrheit treu will bleiben,
Muß als Jüngling sich entweiben;
Denn die süßen Weiberkreise
Schleppen langsam, leise, leise
Mit ihren zarten Taubenflügen
Wie mit seidnen Fadenzügen
Auf das Feld der Schmeicheleien,
Machen leicht zum Knecht den Freien!“

[209]) Braun, Karl, Mordgeschichten. Bd. I. Hannover 1875. 272.

[210]) Jarcke, C. E., Carl Ludwig Sand und sein an Kotzebue verübter Mord. Berlin 1831. 17.

[211]) Münch, Friedrich, Das Leben von Dr. Karl Follen. (Gesammelte Schriften) St. Louis 1902. 45.

[212]) Wit, Johannes, Fragmente aus meinem Leben und meiner Zeit. 1827—30. Bd. III. 1. 206.

timen sagte, die Jüngeren, besonders aber Sand an ihn fesselte? Spielten da nicht auch noch andere, tieferliegende Momente mit?

Diese Frage wurde in neuester Zeit durch Hans Blüher[213]) in ein besonderes Licht gerückt. In seinem zweibändigen Werke „Die Rolle der Erotik in der männlichen Gesellschaft" entwickelt er den großen Gedanken, daß die letzte Begründung für die Staatsbildung des Menschen in seinem Eros zu suchen sei, in jener nur ihm eigentümlichen Fähigkeit, einem anderen Menschen seelisch und sinnlich zu „verfallen". Nicht der Geist (Logos) sei die Ursache des Staats, nicht die Ökonomie des Menschen schuf ihn, sondern der Eros ist der letzte Grund für die Staatlichkeit. Außer dem Gesellungsprinzip der Familie, das aus der Quelle des mann-weiblichen Eros gespeist wird, wirkt im Menschengeschlecht noch ein zweites, die „männliche Gesellschaft", die ihr Dasein dem mann-männlichen Eros verdankt und sich in Männerbünden auswirkt. Das zwanghafte Gegeneinanderwirken beider bringt den Menschen zum Staat. In einem eigenen Kapitel des zweiten Bandes behandelt Blüher die „Erotik der studentischen Verbindungen". Darin kommt er auch auf Karl Follen und seine Jünger zu sprechen und zieht aus der Tatsache, daß die Gießener Schwarzen nicht nur die Keuschheit predigten, sondern auch auf jedwede Frauenliebe verzichteten, einen sehr tiefen Schluß auf das wahre Innere dieser Gemeinschaft. Er rechnet den Gießener Kreis um Karl Follen zum Typus inversus, d. h. der dem Mann verfallene Mann. Der Typus inversus ist nach Blüher eine ursprüngliche Erscheinung, keine abgeleitete, gebrochene, also nicht die pathologische der Homosexualität, sondern er umfaßt auch das gesunde Verlangen nach geistiger Vereinigung, Kameradschaft und Zusammenschluß, um durch Vereinigung „Geist" zu gewinnen. Männer, so schließt nun Blüher, die den Frauen verfallen sind, können die Verpflichtung des Verzichtes auf Frauenliebe gar nicht übernehmen, es sei denn, daß sie ihr ganzes Inneres verleugnen. Es kommt niemand auf den Gedanken, der Frauenliebe zu entsagen und sich — in Gemeinschaft mit dem wahrhaft geliebten männlichen Geschlecht — ganz dem Vaterlande zu widmen, dem es nicht eben im Grunde leicht fällt, von den Frauen Abschied zu nehmen. Solche Gedanken entstehen immer nur dort, wo sie Boden finden. Blüher begnügt sich, seine hier entwickelten Ideen auf indirekte Beweise zu stützen, indem er auf die oben zitierten Sätze in Haupts Monographie über „Karl Follen und die Gießener Schwarzen" hinweist. Bei näherem Studium der einschlägigen Literatur wurde es mir immer klarer, daß die Gedanken Blühers richtig seien, wenn er sagt: „Der Typus inversus kann in die Lage kommen, sein ganzes Leben lang nicht eine einzige sexuelle Handlung mit dem eigenen Geschlecht zu begehen, sie kann ihm innerlich, auch in der Phantasie unmöglich sein, und doch bleibt er dem eigenen Geschlechte verfallen, und die Verfallenheit prägt sich unweigerlich in seinem Charakter und in seinen typischen Handlungen aus. Die Sexualität solcher Menschen ist zersprengt, sie sind ruhelos und zeigen einen tiefen Zug nach Mystik." All dies paßt vollwörtlich

[213]) Blüher, Hans, Die Rolle der Erotik in der männlichen Gesellschaft. 2 Bde. Jena 1918 und 1919.

auf Karl Ludwig Sand, den Hauptjünger Karl Follens. Damit ist das bei ihm „vorwaltende phantastische und unklare Wesen", wie Jarcke[214]) es in seiner „psychologisch-criminalistischen Erörterung" über Sand nennt, genügend geklärt. Jarcke weist nämlich auf einen Umstand bei Sand hin, dessen „nähere Bewandtnis" ihm ganz unklar ist: „Vor seiner Abreise von Tübingen will Sand von einem Freunde ein kleines Band geschenkt erhalten haben, welches er den ganzen Feldzug hindurch trug und das sich bei seiner Arretierung noch an seinem Halse befand." Uns wird der tiefere Sinn dieser Tatsache um so klarer, wenn wir die charakteristische Erzählung eines Jugendfreundes Sands lesen: „Ich stand damals in einem zarten Verhältnis, woraus mein eheliches wurde. Als ich fortgehen wollte, nahm mich Sand auf den Schoß und bat mich innig: „Ich weiß, wohin Du willst; ach! binde Dich doch nicht! um des Vaterlandes willen!" Und ich war in der That geneigt, diese Bitte zu erfüllen"[215]). Oder wenn wir in den Tagebuchblättern[216]) Sands folgende Stellen finden, wo er über seinen „innig und heißgeliebten" Freund Ditmar schreibt: „Wir liebten und herzten einander", oder: „An des Frühlings letztem Abende gingen wir, nachdem wir vorher auf Dittmars Zimmer noch gemeinschaftlich gearbeitet und uns am Ende gegen alle Stürme des Lebens für unser Streben und für unsere Liebe und Treue noch feierlich verbunden und umarmt hatten, selig und sorglos um halb 7 Uhr zum Bade nach der Rednitz", so genügen diese Hinweise, um uns über das Triebleben Karl Sands ein klares Bild zu schaffen[217]).

Kehren wir nun nach dieser kurzen Abschweifung zu den anderen Burschenschaften zurück. Selbstredend gab es von den Gießener Schwarzen herab bis zur „progressistischen" „Burschenschaft auf dem Bären" in Jena unter den verschiedenen Burschenschaften verschiedene Auffassungen des „Sittlichkeitsprinzipes". Bei den einen „involvierte das Sittlichkeitsprinzip (für den Studenten) die Keuschheit" (z. B. bei den Burschenschaften des süddeutschen Kartells 1861)[218]), bei den andern mußten sich sogar Verkehrsgäste daran halten, die Burschenschaften des norddeutschen Kartells (1855) stellten den Grundsatz der Sittlichkeit in das freie Ermessen der einzelnen Verbindungen, während die progressistischen Burschenschaften „die Sittlichkeit von dem engherzigen

---

214) a. a. O. 14. Anm.

215) Schmid, Ulr. Rud. (Das Wesen der Burschenschaft. Jena 1875. 35), der diese Erzählung anführt, meint hierzu: „So rein und groß, aber auch so verwirrt war damals unter Jenas Burschenschaftern die Liebe zum Vaterland."

216) Dumas, A., Karl Sand. Historische Skizze. Leipzig 1847. 43.

217) Auffallend ist auch die folgende Stelle in einer Novelle von Adolph Görling: „Deutsche Burschen" (erschienen im Illustrierten Familien-Journal für Unterhaltung und Belehrung. Leipzig 1862. 3): „Es präsidierte der Bursch mit dem Kranze von Cypressen und Eichenlaub auf dem Haupte — Karl Sand. Neben ihm saß auf der einen Seite der flachsbärtige Fellin, den vor ihm liegenden Todtenkranz mit starrem Blicke betrachtend. Auf der andern Seite prangte ein blutjunger Bursch, seines mädchenhaften Gesichts wegen Puella oder die Jungfer genannt — freund-brüderlich den Arm um Sands Nacken geschlungen."

218) Zur Geschichte des süddeutschen Kartells. In: Burschenschaftl. Blätter W. S. 1889/1890. 167.

Begriff der Keuschheit losgelöst in der Konformität des Handelns mit dem Denken" erblickten. Die Burschenschaften Germania-Tübingen und Brunsviga-Göttingen verpflichteten auch ihre Philister auf das Keuschheitsprinzip. In den Statuten der Germania[219]) vom Jahre 1837 besagt Kap. I, § 2 darüber: „Die Grundlage des Vereins ist Sittlichkeit, Vaterlandsliebe, Wissenschaftlichkeit. Durch die erstere ist insbesondere jede Verfehlung in geschlechtlicher Beziehung streng ausgeschlossen." In den Grundsätzen von 1856 wurde dieser Paragraph verschärft. Er lautete: „Die Burschenschaft ist eine Lebensverbindung, d. h. alle ihre Prinzipien sind für den Philister ebenso bindend wie für den Studenten. Das Prinzip der Sittlichkeit involviert für die aktiven Studenten und Studentenphilister auch das Keuschheitsprinzip. Die Philister sind dadurch ebenfalls moralisch verpflichtet; vergeht sich einer dagegen, so steht es der Verbindung frei, zu entscheiden, ob sein Vergehen entschuldbar ist oder nicht."

Auch im sogenannten Tendenzkapitel der B. Brunsviga-Göttingen[220]) war das Keuschheitsprinzip als Verpflichtung fürs Leben verzeichnet. Ein Vorfall, der die Burschenschaft im Jahre 1864 zwang, ein Ehrenmitglied zu dimittieren, veranlaßte die Beschränkung des Prinzips auf die Studentenzeit. Im Jahre 1866 wurde eine weitere Modifikation des Paragraphen beschlossen. Hieß es 1864: Die Mitglieder sind verpflichtet, auf Keuschheit „für ihre Studentenzeit", so setzte man jetzt: „Von ihrem Eintritte bis zum Augenblicke, wo sie nach beschlossenen Studien die Universität verlassen". Eine Anmerkung setzte erläuternd hinzu: „Hiernach sind speziell auf Keuschheit auch diejenigen Mitglieder verpflichtet, die auf ein oder mehrere Semester eingeheimst sind, sowie diejenigen, welche innerhalb der Studentenzeit, ohne immatrikuliert zu sein, ihre Dienstpflicht im Landesheere absolvieren."

In den Verfassungsurkunden der B. Germania-Jena[221]), Teutonia-Jena[222]), Alemannia-Bonn[223]) u. a., die am Keuschheitsprinzipe festhielten, ist im Tendenzparagraph nicht ausdrücklich von Keuschheit die Rede, sondern nur von „Sittlichkeit", „sittlicher Grundlage" u. ä. Doch findet sich in den meisten Verfassungen ein erklärender Passus hierzu, wie z. B. in der der B. Germania-Jena, wo dem Sittlichkeitsparagraphen folgende Stelle aus dem Protokolle des Jahres 1872/73 in Druck beigefügt ist: „Die Kommission spricht zunächst ihre Meinung dahin aus, daß unter das Sittlichkeitsprinzip, vorzüglich unter das Ideal der Sittlichkeit, dessen Erreichung von jedem Verbindungsmitglied nach der Konstitution erstrebt werden soll, das Keuschheitsprinzip unbedingt und zweifellos zu subsummieren ist. Ein besonderes Hervorheben der Keuschheit in der

[219]) Camerer, J. W., Geschichte der B. Germania zu Tübingen 1816—1906. Tübingen 1909. 131, 168.

[220]) Geschichte der B. Brunsviga zu Göttingen v. S.-S. 1848 bis zum S.-S. 1873. Göttingen 1874. 34/35.

[221]) Schneider, G. H., Die Burschenschaft Germania zu Jena. Eine Festschrift. Jena 1897. 458.

[222]) Festschrift zum 50jährigen Stiftungsfeste der B. Teutonia zu Jena 1895. Jena 1895.

[223]) Geschichte der B. Alemannia zu Bonn. 1844—1894. Bonn 1894. 27.

Konstitution hält die Kommission aber nicht für richtig, da sie der Keuschheit unter den übrigen sittlichen Forderungen keinen Vorzug zuerkennen kann."

Bemerkenswert ist die Begründung, mit der der Antrag des Keuschheitsprinzipes vom norddeutschen Kartell[224]) abgelehnt wurde. In der schriftlichen Niederlegung der Tendenzen (1861) hieß es: 1. Die lokalen Verhältnisse stehen der Durchführung des Sittlichkeitsprinzips oft entgegen. 2. Die Furcht vor der betreffenden Strafe kann leicht zur Heuchelei führen. 3. Es hat keinen Einfluß auf die sonstige politische Tätigkeit. 4. Es läßt sich nicht praktisch durchführen, falls man nicht ein Denunziantenwesen großzieht.

Der im Jahre 1881 gegründete A. D. C. der reichsdeutschen Burschenschaften bestimmte im § 5 seiner Statuten, „alle andern Prinzipien (also auch das Keuschheitsprinzip) sind Privatsache jeder einzelnen Verbindung". Mit ganz geringen Ausnahmen[225]) haben sämtliche heutigen Burschenschaften das Keuschheitsprinzip als undurchführbar aufgegeben. Sie fordern von ihren Mitgliedern „einen ehrenhaften und sittlichen Lebenswandel"; „die Mitglieder sollen die Gebote der Sittlichkeit befolgen, die ihnen die Erhaltung und Pflege der körperlichen und geistigen Kräfte, die Erhaltung der Reinheit und Aufrichtigkeit ihres Charakters zur Pflicht machen".

So viel über das Keuschheitsprinzip der deutschen Burschenschaft, über das auch heute noch die wunderlichsten, tendenziös gefärbten Nachrichten verbreitet werden[226]). Mag auch so manchem der „Keuschheitsparagraph" in den Statuten einer Studentenverbindung ein Lächeln entlocken[227]), sicher ist, daß es sich bei diesem Prinzip keineswegs um eine Farce handelte, sondern daß das Keuschheitsgelübde im ganzen sehr ernst[228]) genommen wurde und ehrlich gehalten worden ist zum Wohl und Segen des einzelnen sowie zu Nutz und Frommen der Burschenschaftsbewegung im allgemeinen[229]).

---

[224]) Norddeutsches oder Germanisches Kartell der Burschenschaften. Gegründet 1858. Demselben gehörten an: Germania-Gießen, Teutonia-Freiburg, Germania-Jena, Rugia-Greifswald, Raczeks-Breslau, Brandenburgia-Berlin, Wartburg-Leipzig. (Satori-Neumann, Bruno Th., Die Berliner Burschenschaft Germania 1862—1912, Berlin 1912. 44 f.)

[225]) Bubenruthia-Erlangen, Arminia-Bonn. Auch die Schwarzburgbundverbindung Uttenruthia und der Wingolf vertreten das Keuschheitsprinzip.

[226]) So weist 1903 der Anonymus Ernst Amicus noch immer auf den Unterschied hin, der sich in dem bekannten „intra muros" und dem weit schärferen „intra et extra muros" bemerkbar mache, auf Grund dessen er die Burschenschaften in Temperenzler und Abstinenzler einteilt. (Ernst Amicus, Die sittlichen Gefahren der Universitätsstadt für den Akademischen Bürger. Erlangen 1903. 24.)

[227]) Vgl. Schüller, Otto, Studentenehen. In: Kultur und Kirche. V. 1911. 117.

[228]) Wohl führte dieser Ernst manchmal zu komischen Übertreibungen. So erzählt Kombst (Erinnerungen aus meinem Leben. Leipzig 1848. 42) im Anschluß an seinen Bericht über eine Opposition innerhalb der Jenaischen Burschenschaft gegen die im Jahre 1827 in ihr geltenden Keuschheitsvorschriften folgendes: „In Erlangen ging die Ängstlichkeit, sich geschlechtlich äußerlich keusch zu erhalten, ins Lächerliche. Bei den Vereinen war es zur Sprache gekommen, alles Schäkern mit Mädchen in den Wirtshäusern zu untersagen, und um dieses so viel als möglich zu erschweren, war es sogar im Werk gewesen, vorzuschreiben, daß die Studenten in Zukunft das Geld für empfangene Speisen und Getränke nicht mehr in die Hand geben, sondern es bloß zur Annahme auf einen Tisch legen sollten."

[229]) Marcuse, Max, Das Liebesleben des deutschen Studenten. In: Sexual-Probleme. V. 1908. 697 u. 698.

Und nun zum Sexualleben des „modernen" Studenten. Bei näherer Betrachtung zeigt es sich, daß, wie Fuchs von der Menschheit im allgemeinen sagt, die Unsittlichkeit gegen früher im Wesen nicht anders und an positivem Umfang nicht geringer geworden ist, und weiter: wenn das „Laster" auch nicht zugenommen hat, daß es zum mindesten sich noch der gleichen Beliebtheit erfreut wie ehedem. Und dennoch wage ich zu behaupten, daß die öffentliche und private Sittlichkeit der heutigen Studenten eine ungleich höhere und freiere ist, als zu allen früheren Zeiten. Ein Blick in die Zeitschriften der heutigen Studentenschaft zeigt uns, daß sie gewillt ist, „sich auf den Boden sittlicher Reinheit zu stellen und dem aus hygienischen, ethischen, religiösen oder nationalen Denken geborenen geschlechtlich-sittlichen Imperativ zu gehorchen: den an sich berechtigten Geschlechtstrieb zwar nicht völlig zu unterdrücken oder zu töten, wohl aber durch die Vernunft zu zähmen und zu leiten".

Die Verhältnisse des deutschen Studenten haben sich in den letzten Jahrzehnten gründlich geändert. Viel ist allerdings, wie Gurlitt[230]) mit Recht betont, von der alten Poesie des — meist kleinstädtischen — Studentenlebens geschwunden, damit aber auch viel von dem alten gedankenlosen Schlendrian, dem fast jeder Student wie einem Naturgesetz verfiel. Und dennoch zeigt es sich, wie ich schon an einer früheren Stelle betonte, daß die Jetztzeit in der Vergangenheit wurzelt, und daß alle Dinge des Lebens im ewigen Rhythmus wiederkehren. Alle die Fragen, die sich um das Sexualleben des deutschen Studenten der vergangenen Jahrhunderte rankten, wie die Prostitution und die Geschlechtskrankheiten, das „Verhältnis" und die Studentenehe, sie treten uns auch im Leben des modernen Studenten entgegen, und wie ehedem, so läßt trotz allem auch jetzt das Verhältnis des Studenten zum weiblichen Geschlecht noch viel zu wünschen übrig.

Es läßt sich nicht leugnen, daß gerade in den letzten Jahrzehnten mit der Zunahme der Zahl der Großstädte, mit dem Aufblühen des Verkehrs, der Wohlhabenheit und des Luxus die Unsittlichkeit einerseits und die Geschlechtskrankheiten andererseits erheblich zugenommen haben. Auch die Studenten blieben naturgemäß davon nicht verschont. Professor Blaschko[231]) konnte in der über 600 Mitglieder umfassenden Studentenkrankenkasse der Berliner tierärztlichen und landwirtschaftlichen Hochschule konstatieren, daß die Erkrankungsziffer in den Jahren 1891 und 1892 sich daselbst auf 25 % belief. Und das, obwohl bekanntlich die Studenten einen großen Teil des Jahres nicht in Berlin zubringen und sich außerdem ein erheblicher Bruchteil selbst zu kurieren versucht oder einen Verbindungsfreund, einen befreundeten Mediziner usw. zu konsultieren pflegt. Das beweist, daß in vier Studienjahren jeder Student mindestens einmal an einer Geschlechtskrankheit erkranken würde[232]).

230) Gurlitt, Ludwig, Der Student und sein Verhältnis zum Alkohol und zur Prostitution. In: Vom Studium und vom Studenten. Berlin 1910. 282 ff.

231) Blaschko, A., Hygiene der Prostitution und der venerischen Krankheiten. Jena 1900. 32.

232) Diese Statistik, so schrieb ich schon 1911, dürfte annähernd auch auf die Wiener Verhältnisse anwendbar sein. (Scheuer, Oskar, Studentenleben und Geschlechtskrankheiten. In: Deutsche Hochschule. I. 1910/11. 74 ff.)

Eine ähnliche Zusammenstellung machte Meirowsky [233]) über das Material der Studentenkrankenkasse der Breslauer Hautklinik. Dort lesen wir: „Von 127 Studenten, die den geschlechtlichen Verkehr ausübten, wurden 93 = 73 % infiziert. Unter den Infektionskrankheiten spielt die Gonorrhöe die größte Rolle. 94,6 % aller Infizierten hatten eine Gonorrhöe durchgemacht, 8,6 % entweder eine Lues allein oder eine mit Gonorrhöe komplizierte. 6 % hatten Ulcus molle mit oder ohne Gonorrhöe davongetragen."

Auch für Leipzig liegt eine Statistik von Sieblist [234]) vor. Sie erschien 1915 und umfaßt die Jahre 1901—1913. Aus ihr geht hervor, daß der Prozentsatz der geschlechtlichen Erkrankungen der Leipziger Studenten sich durchschnittlich im Jahre etwas günstiger stellt als in Berlin. Dies nahm Blaschko auch selbst an, da es sich dort um junge Leute handelt mit „durchschnittlich großen Wechseln". Und in den kleineren Universitätsstädten werden die Verhältnisse sicherlich noch bessere sein. Für Leipzig fand Sieblist eine jährliche Durchschnittszahl von 18 % geschlechtlicher Erkrankungen unter den Studenten. Mit anderen Worten besagt diese Zahl, daß in vier Jahren — so lange dauert mindestens im Durchschnitt das Studium — in Leipzig 72 % der Studenten geschlechtskrank geworden sind.

Betrachten wir nun die Ursachen der geschlechtlichen Erkrankungen. Amicus (44) sagt richtig: Sobald der Abiturient einer Mittelschule die Hochschule bezogen hat, hat er in vielen Fällen selbst die Auswahl zwischen Gut und Böse zu treffen. Daß sich das Gute in mancherlei Form dem trunkenen Blick dessen, der sich einer vollen Freiheit erfreut, mehr verbirgt als das Böse, das sich im gleißenden Gewande, in verführerischen, sinnenerregenden Plakaten dem Opfer nähert, ist erwiesen. So ist denn auch an den Stätten, die Kultur und Geistesleben eines Volkes widerspiegeln und vertreten, dafür gesorgt, daß bei dem Guten, das dort Tafel hält, das Böse sich zu Gaste lädt. Und so treten an den flügge gewordenen Jüngling die Gefahren der Prostitution und des Alkohols, die Gefahren der Verführung und Verlockung heran. Meirowsky hat diesbezüglich eine interessante Zusammenstellung gemacht. Zum ersten geschlechtlichen Verkehr spielten bei 129 Studenten in 38 Fällen = 29,4 % die Kameraden, auch die Dienstmädchen und andere Personen, in 23,6 % der Alkohol die Verführer. In 41 von 102 Fällen = 40,1 % wurde der erste Verkehr mit einer Vertreterin der öffentlichen Prostitution, in 55 Fällen = 53,9 % mit einer der heimlichen Prostitution vollzogen. Zur letzteren Klasse zählt Meirowsky Dienstmädchen, Kellnerinnen und Geschäftsmädchen.

So bilden denn der Alkohol und die Geschlechtskrankheiten, die Geschlechtskrankheiten und die Prostitution, die Prostitution und der Alkohol einen „Reigen", der für viele Studenten tragisch

---

233) Meirowsky, E., Über das sexuelle Leben unserer höheren Schüler. In: Zeitschr. f. Bekämpfung der Geschlechtskrankheiten. XI. 1911. 41 ff.

234) Sieblist, Otto, Krankheitsverhältnisse in der allg. stud. Krankenkasse zu Leipzig. Inaug.-Diss. Leipzig 1915.

endet. Aber nicht die Betrunkenheit, sagt Hecht[235]), bildet das Stadium der größten Gefahr, sondern das Angeheitertsein, wie sich ihm bei einer Umfrage ergab. Und wir können ihm nur voll beistimmen; denn daß der Alkohol auf die Dauer unsere Unterhaltung herabdrückt, den Geist des Ernstes in unseren Gesprächen verscheucht, ist nicht bloß bekannt, sondern es ist gerade die meistens gewünschte, die am frohesten begrüßte Wirkung. Damit wird zugleich das Gefallen am Niedrigen erregt, die Zote geweckt. Dies umso sicherer, als der Alkohol im selben Maße die erotische Begierde unmittelbar reizt und ebenso prompt die hunderterlei Hemmungen aus dem Wege räumt, die sich ihr sonst entgegenstellen würden. Und nun die Konsequenzen! Sehr gut schildert sie uns Hayn[236]): Der Jüngling kommt vom Gelage im Kreise froher Zecher! Noch ist er frei von Schuld und Fehle; denn Scham und Scheu und Angst haben ihn bisher von jedem Geschlechtsverkehr ferngehalten; — da trifft er auf seinem Heimwege tief in der Nacht eine jener lockenden Sirenen, die von der Erfüllung ihres Berufes bereits zurückkehrt! Jetzt kann er ihren Lockungen nicht mehr widerstehen wie bisher, fort ist alle Scham und Scheu und Angst vor den Folgen, er ist auch nicht mehr wählerisch[237]); denn

„mit seinem Trank im Leibe
sieht er Helenen bald in jedem Weibe“,

bald sind sie einig und — bald ist auch sein erstes Opfer auf dem Altar der Venus vulgivaga gebracht. — Zu diesen Worten Hayns möchte ich noch die Statistik von Notthafft[238]) hinzufügen, der fand, daß unter 198 Studenteninfektionen (in München) 69 = 35 % sicher oder mit Wahrscheinlichkeit, und mit Hinzuziehung der Möglichkeit (!) 92 = 46,4 % in alkoholischem Zustande geschehen sind. Er vergleicht diese Zahlen mit denen anderer Stände und kommt zu dem traurigen Schlusse, daß die Prozentzahlen der studierenden Jugend erschreckend hoch sind: „Die alkoholischen Infektionen der Stu-

---

[235]) Hecht, Hugo, Student und Alkohol. Deutsche Hochschule. II. 1911/12. 125 ff. Hecht hatte Gelegenheit, bei vielen Studenten die Größe des Alkoholgenusses vor dem — gelegentlichen! — Geschlechtsverkehr zu erfahren, der eine Geschlechtskrankheit zur Folge hatte. Er bekam folgende Tabelle auf die Frage nach dem Tage der Infektion:

Sonn- und Feiertage	32,7 %
Montag	8,5 „
Dienstag	10,8 „
Mittwoch	8,5 „
Donnerstag	8,5 „
Freitag	11,2 „
Samstag	19,8 „

An Samstagen und an Sonn- und Feiertagen ist der Alkoholgenuß bei den Studenten am größten, daher der hohe Prozentsatz der geschlechtlichen Erkrankungen an diesen Tagen.

[236]) Hayn, Alkohol und Geschlechtsleben. In: Mitteilungen der Deutsch. Gesellsch. zur Bekämpfung der Geschlechtskrankheiten. VI. 1908. 136.

[237]) Einige besonders krasse Beispiele von alkoholbedingter Gleichgültigkeit gegenüber Infektion und Mißgestalt der Partnerin berichtet v. Notthafft (Zeitschr. f. Bekämpfung d. Geschlechtskrankheiten. XII. 1912) und M. v. Gruber (Hygiene des Geschlechtslebens. Stuttgart 1909).

[238]) v. Notthafft, Alkohol und Geschlechtskrankheiten. In: Zeitschr. f. Bekämpfung d. Geschlechtskrankheiten. XII. 1911. 117 ff.

denten nehmen die weitaus höchste Stufe ein, mag man das Material so oder so sichten[239]). Dieses Verhältnis findet auch noch darin seinen Ausdruck, daß es gerade die studentische Vergangenheit der Gebildeten ist, welche ihre Gruppe so bedeutend über die der gewiß alkohollustigen Kaufleute erhebt. Bei oberflächlicher Betrachtung der Zahlen könnte man vielleicht meinen, die Studenten ständen zwar an der Spitze, aber der Unterschied von etwa 7 % gegenüber der nächst höheren Klasse sei nicht sehr bedeutend. Aber man bedenke, daß hier die Statistik bloß die vier bis fünf Universitätsjahre des Studenten umfaßt, also nur eine kurze Spanne Zeit für die Möglichkeit der Infektion angenommen wird, während bei den anderen Klassen sämtliche Lebensalter inbegriffen sind. Von diesem Gesichtspunkte aus betrachtet, sind die alkoholischen Infektionen der Studenten exorbitant hoch! Auch in München sehen wir die Studenten als bevorzugte Kunden der Prostitution. v. Notthafft fand, daß von 242 Studenten 101 = 41,3 % ihren ersten Geschlechtsverkehr mit Prostituierten ausführten. Als Gründe für diese bedenkliche Stellung der Studenten gibt er dieselben an, welche er für die hohen Infektionsziffern bei den Studierenden angeführt hat. „Sie würde", meint v. Notthafft, „noch ungünstiger sein, wenn nicht ein großer Teil der Studierenden bereits defloriert auf die Hochschule käme und wenn das aus moralischen Gründen so bedauerliche Verhältniswesen weniger in Mode wäre." Tatsache ist, daß in den meisten Fällen das Geschlechtsleben mit dem Eingehen eines festen Verhältnisses in etwas anständigere und geregeltere Bahnen gelenkt wird. Es hält, wie auch Spier[240]) betont, von der Frequentierung der gemeinsten Prostitution in den meisten Fällen ab, weil ja keine Notwendigkeit mehr dafür vorhanden ist. Damit fallen auch die vielen Schädigungen dieses Verkehrs mit dem Abschaum der Weiblichkeit weg, was nicht hoch genug bewertet werden kann. „Denn neben den Proletarierinnen", sagt Grotjahn[241]), „sehen wir heute in immer steigender Zahl Töchter aus bürgerlichen Familien als Verkäuferinnen, Buchhalterinnen, Stenotypistinnen in freien Berufen tätig; und es kann nicht ausbleiben, daß die bei den Arbeitertöchtern herrschenden freieren Begriffe von geschlechtlicher Sittlichkeit sich allmählich auch der Bürgerstochter mitteilen. Sie sieht nicht ein, warum ihr verboten sein soll, was ihrer Kollegin und ihrem Bruder ohne irgendwelche moralische Einbuße gestattet ist." So breitet sich das freie Verhältnis[242]) immer höher in allen sozialen Schichten aus, und da hier die Gefahr der Infektion immer noch sehr günstig, d. h.

---

239) v. Notthafft betrachtet als Studenten nicht nur diejenigen, welche zur Zeit, als sie befragt wurden, studierten, sondern alle, welche einmal studiert haben, soweit eben die Infektion vor dem 26. Lebensjahre stattgefunden hatte.

240) Spier, Die Sexualnot unserer Zeit. München 1914. 166 f.

241) Grotjahn, Soziale Pathologie. 2. Aufl. Berlin 1915.

242) Ein getreues Bild des „Verhältnis"-Wesens der modernen Studenten gibt Otto Julius Bierbaum in seinen „Studentenbeichten". Von Romanen, die das Liebesleben des heutigen Studenten getreulich schildern, wären zu nennen: Walloth, „Dämon des Neides"; Conradi, „Phrasen"; Mora, „Überreif"; Bloem, „Der krasse Fuchs" und „Komödiantinnen"; Rosner, „Das Kind" und Westkirch, „Eine Studentenehe". (Westkirch behandelt darin allerdings nicht das Geschick eines Studenten, sondern eines ehemaligen Studenten.)

gering gestellt ist, hat das Verhältniswesen des Studenten warme Fürsprecher gefunden. So u. a. F. Siebert-München[243]), der in einem den deutschen Hochschülern und Hochschülerinnen gewidmeten Buche einen begeisterten Lobeshymnus auf das „Verhältnis" des Studenten singt. In bestrickenden Farben schildert er dessen Vorzüge gegenüber der Prostitution. Er will mit der Empfehlung eines monogamen Verhältnisses, dem man unbedingt die Treue wahren müsse, den Besuch der Prostitution vereiteln. Das einzige Mittel gegen geschlechtliche Erkrankung biete eigentlich nur das Eingehen eines festen Verhältnisses mit einem gesunden Mädchen, vorausgesetzt, daß man ihm treu bleibe.

Einen Schritt weiter geht Wilker[244]). Er will diesem „Verhältnis" eine gewisse Legalität sichern. Und zwar durch Eingehen einer formalen „freien" Ehe. Das studentische „Verhältnis" beruhe nicht bloß auf rein körperlicher Attraktion, es habe auch seelische Mitklänge. „Es liegt nicht nur der Wille zum bloß sinnlichen Genuß darin, schon etwas von der Sehnsucht nach dem ganzen Hauch des Weiblichen." Daher wenden auch manche Studenten recht beträchtliche Mittel auf, um die Mädchen einem höheren Bildungsniveau zuzuführen.

Etwas anderes sei es freilich, meint Wilker, ob es ethisch zu rechtfertigen sei, daß der Student „sein Mädel" in dessen schönsten Jahren genießt, um es dann früher oder später im Verblühen dem zu überlassen, der es sein Weib nennen will. Denn richtig geheiratet werde das Mädchen nur in den allerseltensten Fällen. Über alle diese Bedenken helfe einstweilen immer noch jugendliche Sorglosigkeit hinweg. Man mache sich darüber keine Gedanken, wenn man wohl auch allenthalben beginne, diese Frage zu diskutieren.

Dies ist alles recht schön und gut! Doch was geschieht mit dem „verlassenen" Mädchen, wenn es ihm nicht gelingt, von irgend jemand geheiratet zu werden? „Oft genug", sagt Temming[245]) mit Recht, „wird ein junges Mädchen durch ein solches Verhältnis in seinem Charakter verdorben. Aus einer gehorsamen Tochter wird es ein widerspenstiges, eigensinniges Kind, bisher die Freude der Eltern, nun ihr Kummer, ihre Sorge, ihre Schande. Zur Eitelkeit und Putzsucht und Genußsucht und im Zusammenhang damit so leicht zur Untreue in ihrer Stellung verleitet. So manches Mädchen ist dadurch um seine Stellung und um seinen ehrlichen Namen gekommen. Schließlich gewöhnt es sich an ein träges Leben, flieht die Arbeit, und damit ist der erste Schritt zur Prostitution geschehen." Ein Schicksal, das auch Wilker solchen Mädchen verheißt. Da wäre es nun — meint er — im Interesse des weiblichen Geschlechtes gelegen, dafür zu sorgen, daß die Aussichten solcher „Verhältnisse" etwas bessere würden. Hier abzuhelfen wurde unter anderem auch der Vorschlag gemacht, der Student solle sich frühzeitig verloben.

---

243) Siebert, F., Sexuelle Moral und sexuelle Hygiene. Ein Wegweiser. Deutschen Hochschülern und Hochschülerinnen gewidmet. Frankfurt a. M. 1901.

244) Wilker, Karl, Studentenschaft und sexuelle Frage. In: Die neue Generation. V. 1909. 511 ff.

245) Temming, Theodor, Sturmfreie Buden. Essen [1913] 39.

Doch scheitert dieser Plan meist an dem Widerstande der Eltern des Studenten. Groß ist die Zahl der Väter und Mütter, so schreibt Marcuse[246]), die den geschlechtlichen Umgang ihres Sohnes am liebsten dauernd in der Gosse sehen, damit er sich nicht etwa an eine „verplempere“. Nur nie öfter als ein- oder zweimal mit derselben — und niemals mit Liebe! Dann ist es ihnen schon ganz recht — im geheimen! Gesprochen dürfte darüber nicht werden! — Marcuse ist die Mahnung eines Vaters bekannt, der — ein Arzt!! — selbst einst das akademische Bürgerrecht genossen und jetzt eine bevorzugte Stellung im gesellschaftlichen Leben bekleidet, die er seinem Sohne auf den Weg in die Universitätsstadt als Geleit mitgab: „Zehnmal besser eine Syphilis als ein Verhältnis.“ Jedoch nicht nur die Furcht vor dem „Heiratenmüssen“ spielt hierbei eine Rolle, sondern auch die vor etwa zu bezahlenden „Alimenten“. Gibt es ja — sowohl in großen als auch in kleinen Universitätsstädten — unendlich viele Mädchen, wie Dienstmädchen, Köchinnen und andere weibliche Bedienstete, die vor allem als Hausangestellte, trotzdem sie sich über die Folgen zumeist ganz klar sind, einer einmaligen oder auch wiederholten Hingabe für Geld und gute Worte durchaus nicht abgeneigt sind[247]). Dementsprechend haben auch die Universitätsstädte den größten Prozentsatz an unehelichen Geburten in Deutschland. Es wurden 1906 geboren[248]) in: Berlin 17,3 %, Bonn 21,7 %, Breslau 18,1 %, Erlangen 16,1 %, Gießen 32,7 %, Göttingen 23,7 %, Greifswald 31,1 %, Halle 15,1 %, Heidelberg 25,4 %, Jena 24,4 %, Kiel 15,1 %, Königsberg 16,4 %, Leipzig 18,8 %, Marburg 37,7 %, München 26,7 %, Rostock 17,4 %, Tübingen 32,2 %, Würzburg 20,4 %.

Wilker will nun den Studenten verheiratet sehen. Dann werde er auf Alkohol und Prostitution verzichten. Allerdings verheiratet nur insoweit, daß der Student ein standesgemäßes Verhältnis mit einer passenden Dame eingeht und willens ist, bei gegenseitiger Übereinstimmung das Zusammenleben zur Dauerehe umzugestalten[249]). Bis dorthin mögen die Kosten für jeden Beteiligten von den Eltern getragen werden.

Über das Problem der Studentenehen kann man, wie Schüler (a. a. O. S. 121) mit Recht betont, verschiedener Meinung sein. Er warnt vor diesem gefährlichen Experiment ganz entschieden. Es sei ein Unterschied, ob ein Verheirateter studiert oder ob ein Student heiratet. Der Verheiratete studiert, das Studium ist ihm die Hauptsache, und der Student, der heiratet, dem ist eben dann seine junge Ehe die Hauptsache. Man mache, ruft er aus, nur einmal die Probe aufs Exempel und gebe einem zwanzigjährigen Musensohne ein achtzehnjähriges Weibchen zur Frau. Ob der wohl jemals sein Examen bestünde? Das hieße wahrhaftig den Teufel durch den

---

[246]) Marcuse, Max, Die sexuelle Aufklärung der Jugend. Leipzig 1905.

[247]) Wilker, a. a. O. 514. Wilker identifiziert diesen Verkehr mit Nichtprostituierten nicht mit dem eigentlichen studentischen „Verhältnis“, faßt ihn auch nicht unter den Begriff Prostitution, sondern hält ihn für eine Übergangsform.

[248]) Zeitschr. f. Bekämpfung d. Geschlechtskrankheiten. VIII. 1908. 191.

[249]) Für den Erfolg seiner Methode beruft sich Wilker auf das Beispiel russischer Studenten, die oft an deutschen Universitäten in glücklichstem Einvernehmen als Mann und Frau ihren Studien obliegen.

Beelzebub austreiben. Auch Marcuse[250]) hält die Studentenehen nicht für etwas Erfreuliches. Er betrachtet die Heirat in einem Alter, in dem ein Mensch sich noch mitten in der Entwicklung seiner Persönlichkeit befindet, als einen tragischen Mißgriff, zum Unterschied von Gurlitt[251]), der da meint, je später die Ehen geschlossen werden, umso bedrohter ist die Moral und die Gesundheit der Jugend. „Glaubt man im Ernste," so argumentiert er, „daß sich in Zukunft die deutsche Jugend vom 20.—30.—35. Lebensjahre des Geschlechtsverkehres enthalten werde? In den Großstädten treiben ganze Regimenter von Prostituierten ihr Wesen: das große Armeekorps der deutschen Dirnen zählt nach Hunderttausenden. Alle leben von der Unzucht. Nun berechne man sich einmal daraus, wie stark das außereheliche Leben zur Zeit ist und frage sich ernstlich, ob sittlicher Zuspruch an dieser Tatsache Wesentliches ändern kann. Gegen den stärksten Trieb richten Worte wenig aus. Wer helfen will, muß die Lebensformen ändern. Nur ein naturgemäßes, gesundheitförderndes Leben in der Jugend und die Möglichkeit früher Eheschließung kann durchschlagenden Nutzen bringen. Wer die Möglichkeit vor Augen sieht, mit etwa 23—24 Jahren das Weib seiner Wahl heimzuführen, der wird den Predigern der Abstinenz williger Gehör schenken. Auch ist eine geliebte Braut für die männliche Jugend der beste Schutzengel, ihre Reinheit und Eifersucht die strengste Kontrolle der Lebensführung, der Ausblick auf das nahe Glück der Ehe die wirksamste Stütze des männlichen Willens[252])."

Wie jede menschliche Einrichtung hat auch die Frühehe ihre Schattenseiten, und auch ich betrachte sie nicht als Bürgschaft für eine Gesundung der sexuellen Verhältnisse der Studenten. Gangbarer erscheint mir der Weg zur Besserung der kritischen Frage, den die Behörden eingeschlagen haben, indem sie durch aufklärende Vorträge die Studenten vor den Gefahren der venerischen Infektion warnen, ihnen den Wert der persönlichen Prophylaxe klarzumachen suchen und sie durch diese sich immer wiederholenden eindringlichen Belehrungen zu einer gewissen Hygiene im Sexualleben erziehen wollen. Am 17. Juli 1903 veröffentlichte der preußische Kultusminister nachstehenden Erlaß betreffend Warnung der Studierenden vor den Gefahren der Geschlechtskrankheiten: „Die Gefahren der Geschlechtskrankheiten für die Gesundheit und die Verbreitung, welche die Erkrankungen glaubwürdigen Nachrichten zufolge unter der studierenden Jugend erlangt haben, lassen es in hohem Grade erwünscht erscheinen, daß die Studierenden in größerer Ausdehnung als bisher vor diesen Gefahren gewarnt und mit den Maßregeln zu ihrer Bekämpfung in eindringlicher, gemeinverständlicher Weise bekannt gemacht, wie auch auf die ethische Seite der Frage ausdrücklich hingewiesen werden. Dies hätte am zweckmäßigsten in kurzen öffentlichen Vorlesungen für Studierende aller Fakultäten

---

250) a. a. O. 689.

251) Gurlitt, Ludwig, Erziehungsreform zur Erzielung besserer Ehemöglichkeiten. In: Sexualprobleme 1909. 5. Heft.

252) Vgl. hierzu: Sigm. v. Kapff, Die Frühehe, ihre Voraussetzungen und Folgen. Berlin 1916. Kapff befürwortet die Frühehe.

zu geschehen, wobei neben den Dozenten der medizinischen Fakultät auch geeignete Vertreter der Philosophie und Theologie beteiligt werden könnten." Seither sind an Deutschlands Hochschulen derlei Vorlesungen eingeführt. Daneben sahen sich aber auch Ärzte und Hygieniker, Moralschriftsteller und Pädagogen veranlaßt, die Bändigung des Geschlechtstriebes zum Gegenstand literarischer Erörterungen zu machen und die Jugend zur Enthaltsamkeit und Selbstbeherrschung zu ermahnen.

Doch auch die Studenten selbst, die Verbindungen und ihre Alten Herren traten auf den Plan, um an der Beseitigung eines Übels, das am Marke unseres Volkes zehrt, tatkräftig mitzuarbeiten. Da sei vor allem des akademischen Bundes „Ethos" gedacht, der von Zürich ausging und seit 1904 auch im Deutschen Reiche Fuß gefaßt hat. Sein Ziel: „Förderung einer vertieften und veredelten Auffassung des Geschlechtslebens, die Läuterung der sittlichen Ehrbegriffe und der Kampf gegen die geschlechtliche Ausschweifung." Er vertrat neben dem Wingolf und Schwarzburgbund das Keuschheitsprinzip. In Berlin, Charlottenburg, Stuttgart und Dresden entstanden Ortsgruppen und 1905 konnte der Bund über 100 Anhänger zählen, eine Zahl, die im Vergleich zur Gesamtzahl der Studierenden eine verschwindende genannt werden muß. Die Mehrzahl der deutschen Studenten läßt sich eben nicht zu einer prinzipiellen Keuschheit veranlassen. — Einen ähnlichen Zweck verfolgt der im Jahre 1914 gegründete Medizinerbund für Sexualethik in Leipzig, der sich einstweilen nur an medizinische Kreise wendet. Er ist „ein interkorporativer Zusammenschluß von immatrikulierten Studierenden der Medizin an der Universität Leipzig zwecks Stellungnahme zur körperlichen und geistigen Sexualhygiene und zwecks Studiums sexualwissenschaftlicher Probleme". Der Bund bekämpft den außerehelichen Geschlechtsverkehr in jeder Form. Die Mitglieder sind, wie es in den „Richtlinien" des Bundes heißt, nicht nur durch die Erkenntnisse, die ihre Wissenschaft ihnen bietet, zu dieser Forderung gekommen, sondern sie betonen, daß es einer ethischen Grundlage bedarf, um diese Stellung zu behaupten. Sein Ziel sucht der Bund zu erreichen durch Vorträge mit Werbecharakter vor den Studierenden der Medizin[253]). Ob sich der Bund an anderen Universitäten wird durchsetzen können, wird die Zeit lehren.

In Anbetracht der großen Gefahren, welche den Studenten durch die Geschlechtskrankheiten erwachsen, schien es angezeigt, einen anderen Weg zur Besserung der Sexualverhältnisse einzuschlagen, ohne eine große Anzahl der Studierenden durch die erwähnten Abstinenzforderungen von der Mitarbeit abzuhalten. Zu diesem Zwecke wurden in Wien und Prag „Akademische Vereine für Sexualhygiene"[254]) gegründet, welche die Aufgabe auf sich genommen haben, durch Aufklärung und Warnung der Studentenschaft die Gefahren der Geschlechtskrankheiten vor Augen zu führen, durch stete Beto-

---

[253]) Vgl. hierzu: Riecke, Erhard, Der Mediziner und die sexuelle Frage. In: Zeitschr. f. Sexualwissenschaft. I. 1914. 3. Heft (S. A.).

[254]) Klausner, E., Sexualhygienische Bestrebungen der Studentenschaft. In: Deutsche Hochschule. 1911/12. 100 ff.

nung der persönlichen Prophylaxe die Zunahme der venerischen Erkrankungen unter der Studentenschaft wirksam zu bekämpfen. Die Aussichten dieser Vereine auf eine ersprießliche Tätigkit sind sicherlich große, wenn man bedenkt, daß es außer der Unwissenheit und dem Alkoholmißbrauch gerade beim Studenten ein gewisses Trägheitsmoment ist, das bisher den Mangel der so wichtigen persönlichen Prophylaxe verschuldet hat. Und durch Behebung dieses leichtsinnigen Handelns kann erzieherisch viel geleistet werden. Doch ist mit diesem Programm die Aufgabe dieser Vereine noch keineswegs erschöpft. Sie sehen ihren vornehmsten Zweck vorläufig darin, dem erkrankten Kommilitonen schnelle, fachmännische und kostenlose Behandlung zu gewähren [255]).

Hier anschließend sei auch erwähnt, daß der Arnstädter Verband der mathematischen und naturwissenschaftlichen Vereine an deutschen Hochschulen 1912 das Werkchen von Schauenburg über das Wesen der Geschlechtskrankheiten als kostenlose Beilage seiner Zeitschrift, der „Mathematisch-naturwissenschaftlichen Blätter" an seine Mitglieder verteilen ließ.

Vier Fünftel der Gedanken eines Studenten, so heißt es in einem Büchlein von der „Studentenherrlichkeit", beschäftigen sich mit Liebe — und das ist so natürlich bei seiner noch gebundenen oder doch jungen Liebeskraft; vier Fünftel der Studenten hat irgend einmal mit Geschlechtskrankheiten zu tun gehabt — und hier tritt die Notwendigkeit einer sittlichen Bewertung ein. Man hat den Vermächtnissen der Liebesturniere das Odium der Schmach genommen, und das muß richtig genannt werden, weil dadurch so mancher geschlechtskranke Student sein Leiden nicht zu verheimlichen sucht und so in sachgemäßer Behandlung wieder seine volle Gesundheit zurückgewinnen kann. Doch muß sich die menschliche Gesellschaft, die an der Gesundheit ihrer Mitglieder interessiert ist, irgendwie schützen. Eine Panazee für diesen Mißstand angeben zu wollen, wäre natürlich vergebens; auch sind die Zeiten vorbei, in denen man derartige gefährliche Kranke einfach absonderte. Der Student jedoch ist sich der Konsequenzen seiner Liebesabenteuer wohl bewußt, doch hat sich bei ihm ein gewisser „Geschlechtskrankheitenstolz" herausgebildet, der ihn die einzelnen Erkrankungen so aufzählen läßt — wie seine Mensuren. Und dieses betonte Heldentum ist zynisch, verächtlich und erbärmlich durch seinen Ursprung und seine Wirkungen, die mit der „honorigen" Gesinnung des deutschen Studenten in ernstem Widerspruch stehen. Mit Fug und Recht weist der bekannte alte Korpsstudent Walter Bloem [256]) auf diesen Übelstand hin: „... Um so dringlicher aber erscheint mir die Forderung, daß die Korps die Erziehungspflicht, die sie den jungen Füchsen gegenüber übernehmen, etwas ernster und moderner auffassen im Punkte der Würdigung der fürchterlichen Gefahr, welche die Geschlechtskrankheiten für die Gesundheit des Volkes und des Individuums

[255]) In den anderen Hochschulstädten sind die venerisch erkrankten Studenten auf die bestehenden Krankenkassen angewiesen.

[256]) Zukunftsaufgaben der Corps. In: Akad. Monatshefte. XXII. 1906. 378 ff.

bedeuten. In dieser Hinsicht herrschte zur Zeit meiner Aktivität, in der zweiten Hälfte der achtziger Jahre, eine Ahnungslosigkeit und kindliche Unbefangenheit, welche, wenn mich meine Beobachtungen nicht völlig trügen, leider auch heute noch nicht geschwunden ist, während die ärztliche Wissenschaft und Praxis wie die öffentliche Meinung unseres Volkes inzwischen zu einer weit ernsteren Beurteilung dieser Frage gelangt sind." ... „Wenn ich mich nur erinnere, mit welcher naiven Frivolität — ich finde beim besten Willen keinen milderen Ausdruck — wir als Aktive und das Korps als Institution dieser furchtbar ernsten Angelegenheit gegenüberstanden, dann muß ich auch sagen: hier muß Wandel geschaffen werden, hier bedarf das korpsstudentische Erziehungsideal ganz dringend einer Vertiefung." Bloem verlangt unbedingt, daß das Korps als Institution und durch positive Einrichtungen und satzungsmäßige Bestimmungen die Bekämpfung der Geschlechtskrankheiten unter seinen Angehörigen systematisch in die Hand nehme, eine Forderung, die wir auch in allen übrigen studentischen Verbindungen zur Geltung bringen möchten.

Damit ist nichts Unbilliges verlangt. Es soll damit nicht gefordert werden, daß eine Verbindung die Moral in einzelnen Satzungen formuliert, deren Übertretung sie mit polizeilichem Spürauge überwachen müßte. Sie soll die selbsttätige Überzeugung walten lassen und soll daher auch den Begriff der Sittlichkeit nicht einseitig mit dem engherzigen Wort „Keuschheit" abschließen, sondern denselben als die Harmonie des Wollens und Handelns mit vernünftigen Grundsätzen fassen, ihn in der Konformität des Tuns mit dem Denken finden. Sie soll deshalb auch kein „Keuschheitsgelübde" einführen, das, einmal vielleicht in einer Stunde der Exaltation und Verführung übertreten, den sonst braven Burschen, der dies nachher wohl selbst schmerzlich bereut, für immer als ehrlos brandmarken würde. Die Verbindung soll die Aufrechterhaltung eines solchen Gesetzes nicht als Bedingung eines wahrhaft studentischen Lebens hinstellen, sondern jedem einzelnen Mitgliede in diesem Punkte Gedankenfreiheit geben. Sie kann dann aber die Sitte in bezug auf die Sittlichkeit ruhig und sicher aus der tüchtigen Gesinnung der Mitglieder hervorgehen lassen [257]). Wenn aber die Verbindung die Beurteilung dieses Punktes vor das verantwortliche Forum des Einzelnen weist, so muß sie doch in jedem Falle eine kompromittierende Schändung ihrer Farben, die bei etwaigem Mißbrauch derselben daraus entspringen könnte, durch strenge Ahndung um so eifriger zu verhüten suchen. Da darf es

[257]) Vgl. die fast einstimmige Annahme des Antrages Breslau auf dem A. T. B.-Tage des „Verbandes nichtfarbentragender akad. Turnvereine auf deutschen Hochschulen" im August 1897: Der A. T. B. „sieht davon ab, die Forderung eines keuschen Lebens ausdrücklich in seine Satzungen aufzunehmen, da das Bestreben, ein keusches Leben zu führen, von jedem Angehörigen des A. T. B. als etwas Selbstverständliches vorausgesetzt wird. Außerdem aber ist der A. T. B. der Ansicht, daß kein Mensch, mag er noch so vollkommen sein, berechtigt ist, über geschlechtliche Verirrungen seiner Mitmenschen in dem Bewußtsein, daß er über solche Verirrungen erhaben ist, zu Gericht zu sitzen." (Akad. Turnbundsblätter. X. 1896/97. 364.)

dann auch nicht vorkommen, daß Verbindungsstudenten, worauf schon im Jahre 1869 eine akademische „Zeitstudie“ [258]) hinwies, — was aber leider auch heute noch gang und gäbe ist —, die sich auf das Sittlichkeitsprinzip bei minniglichen Frauen etwas zugute tun, zur Faschingszeit die Mütze mit einem Filzhut vertauschen, „um die Farbe nicht zu besudeln“. Ist denn, so heißt es in jener Zeitstudie mit Recht, die Farbe mehr wie der Mann? Darf dieser tun, was er will, wenn er's nur ohne die bunte Mütze tut, da diese ja hiedurch mit entehrt würde? Warum zur Zeit des Karnevals statt der Mütze ein obskurantenhafter Hut? Etwa, weil dann gewöhnliche Leute bunte Mützen aufsetzen? Und stellt sich die Jugend, sei sie nun geschminkt oder ungeschminkt, nicht gleich bloß, wenn sie zu bestimmten Zeiten auf dem Cithaeron spazieren geht?

Um noch einige Unzukömmlichkeiten anzuführen: Viele studentische Korporationen haben sog. „couleurfreie“ Abende, besser gesagt: „Geschlechtsabende“ eingeführt, ein allerdings nicht ausschließlich studentischer Brauch, — besteht er doch auch in Offizierskreisen —, aber immerhin eine Institution, die nicht selten von einer größeren Anzahl Verbindungsmitgliedern in corpore geübt wird. So war, nach einem Berichte Wilkers (a. a. O. S. 512) in Jena der Donnerstag deutlich als Geschlechtstag der und der Burschenschaft bekannt. „Da müssen eben 60 Köchinnen dran glauben“, war die Antwort auf Wilkers Einwand, daß ja gar nicht so viel Prostituierte, als für die etwa 60 Aktiven nötig wären, zu beschaffen seien. Dieses Tun und Treiben an den Geschlechtstagen und Tanzvergnügungsabenden habe in Jena eine so erschreckende Zunahme der venerischen Infektionen zur Folge gehabt, namentlich durch die an solchen Abenden gastierenden auswärtigen „Schönheiten“, daß zu Beginn des S.-S. 1908 an alle studentischen Korporationen außergewöhnliche Warnungen und Aufklärungen ergehen mußten. Dennoch und trotz all dieser Mängel des Korporationslebens der deutschen Studenten konnte Prof. v. Notthaft [259]) in seinem Kolleg erklären, daß gerade die Angehörigen der studentischen Verbindungen, darunter wieder die der konfessionellen Verbindungen an erster Stelle, den günstigsten Prozentsatz in bezug auf die Geschlechtskrankheiten unter den Studierenden aufweisen. Die nächste Klasse bilden die sportlichen Vereinigungen, die ihren Mitgliedern den Genuß der Natur als Ablenkungsmittel bieten. Die dritte Klasse bilden diejenigen, welche wissenschaftlichen oder künstlerischen Bestrebungen huldigen, die vierte Klasse ist die der Obskuranten. In der letzten Klasse, die also die meisten Erkrankungen liefert, sind jene vereinigt, welche künstlerische Probleme in moderner Auffassung verwirklichen zu müssen glauben, sowohl durch Aufführung von lasziven Theaterstücken, als durch dergleichen Extravaganzen mehr. Mag diese Statistik, wie Schüler meint, nicht ganz richtig sein, weil sie nicht auf Grund einer allgemeinen Untersuchung der gesamten Studentenschaft aufgebaut wurde, meine diesbezüglichen Erfahrungen decken sich mit jenen

258) Die deutsche Studentenschaft. Eine akad. Zeitstudie. Würzburg 1869. 17.
259) Zit. nach Schüler, a. a. O. 117.

v. Notthaffts. Es ist dies für die Korporationsstudenten um so anerkennenswerter, als die Verlockungen für sie im Vergleiche zu den Finken ungleich größer sind. Ist ja doch beim weiblichen Geschlechte seit jeher eine gewisse Vorliebe für studierende Jünglinge vorhanden, um wieviel mehr, wenn sie „Mütze und Band" tragen und vielleicht noch gar Schmisse im Gesicht haben. Es sind das, wie Spiel (a. a. O. S. 166) richtig sagt, etwas verwickelte Fragen der tertiären und noch weiter liegenden Geschlechtseigentümlichkeiten, welche hier hineinspielen, jedoch an dieser Stelle nicht weiter erörtert werden sollen. Auf demselben Effekt beruht ja auch der Erfolg des Soldaten, besonders des Offiziers, im Geschlechtsleben.

Doch außer der Bevorzugung des Farbenstudenten vor dem Finken spielen auch soziale Unterschiede in dem Liebesleben des Studenten eine große Rolle. So heißt es in dem großen Werke: „Krankheit und soziale Lage"[260]) in dem Abschnitt von Blaschko und Fischer über den „Einfluß der sozialen Lage auf die Geschlechtskrankheiten": „Theologen und Philologen mit geringen pekuniären Mitteln, denen überdies das ganze Studium von vornherein eine ernstere sittlichere Lebensauffassung einimpft, werden bedeutend günstiger gestellt sein wie z. B. die Mediziner und Juristen." Sieblist (a. a. O. S. 44) konnte diese Annahme durch Sichtung der Zuweisungsscheine der Leipziger Studentenkrankenkasse bestätigen. Er fand: Theologen 103, Juristen 932, Philosophen 1449 und Mediziner 605.

Am weitaus günstigsten sind die Zahlen für die Theologen, ihnen folgen gewiß die Philologen. Doch rangieren diese unter die philosophische Fakultät, die ja zahlreiche Wissenszweige umfaßt. Ihr gehören außer Philologie noch an: Chemie, Naturwissenschaften, Zahnheilkunde, Landwirtschaft und Pharmazie. In der Mitte stehen die Mediziner, die man eigentlich in Anbetracht ihres Studiums, ihrer Kenntnis der Krankheiten und deren Folgen usw. nur mit starkem Befremden und großem Bedauern mit solch hoher Ziffer vertreten sieht. Noch ungünstiger sind die Zahlen für die Juristen. Doch ist bei der für die Theologiestudierenden gewonnenen Zahl noch zu berücksichtigen, daß ihre Gesamtzahl relativ sehr viel kleiner ist, als die der Mitglieder der anderen Fakultäten.

Das Verhältnis der Anzahl der Studierenden fand Sieblist ungefähr: Theologen (wenn man die Theologie als Einheit ansieht): 1; Philologen: 4; Mediziner: 2; Juristen: 2.

Danach sollten sich bei gleicher Verteilung folgende Zahlen ergeben:

für die Theologen: 103 Fälle;
für die Philosophen: 412 Fälle, es sind aber 840 = 4,5 mal zuviel;
für die Mediziner: 206 Fälle, es sind aber 605 ≐ 3 mal zuviel;
für die Juristen: 302 Fälle, es sind aber 932 = 4,5 mal zuviel.

Nach alledem kann man sich der Erkenntnis nicht verschließen, daß die akademischen Kreise eine durch die Geschlechtskrankheiten ungemein gefährdete Bevölkerungsklasse darstellen.

---

260) Mosse und Tugendreich, Krankheit und soziale Lage.

Die Jugend, die überschäumende Kraft des zum Mann heranwachsenden und reifenden Studenten, die Ungebundenheit und Freiheit auch des heutigen Studentenlebens geben entschuldigenden Anlaß für mancherlei Verfehlungen auch im jetzigen Zeitraume. Dennoch, so düster auch die Farben des Gemäldes sind, das sich bei rückhaltloser Schilderung des Sexuallebens des deutschen Studenten vor unseren Augen aufrollt, sind wir voll Zuversicht, voll Vertrauen auf den unserer deutschen Jugend innewohnenden gesunden Kern, und sehen mit hellem Blicke in eine Zukunft, in der der junge Student, geläutert durch die schwarze Zeit des Krieges, voll Tatkraft und Lebensmut echte Sinnenlust auf moralisch-ethischer Grundlage aufbauen und so ein neues, gesundes und freies Geschlecht sich heranbilden wird.

Druck: Otto Wigand'sche Buchdruckerei G. m. b. H., Leipzig.

Kolibri 360 GmbH
Ferdinand-Jühlke-Straße 7
99095 Erfurt, Deutschland
produktsicherheit@kolibri360.de